中华人民共和国
反电信网络诈骗法
学习问答

含反诈攻略·典型案例

法律出版社法规中心/编

法律出版社
LAW PRESS · CHINA
北京

图书在版编目(CIP)数据

中华人民共和国反电信网络诈骗法学习问答 / 法律出版社法规中心编. -- 北京 : 法律出版社, 2022
ISBN 978-7-5197-7019-8

Ⅰ. ①中… Ⅱ. ①法… Ⅲ. ①电信 – 诈骗 – 金融风险防范 – 中国 – 学习参考资料②互联网络 – 诈骗 – 金融风险防范 – 中国 – 学习参考资料 Ⅳ. ①D924.334

中国版本图书馆 CIP 数据核字(2022)第 151309 号

中华人民共和国反电信网络诈骗法学习问答
ZHONGHUA RENMIN GONGHEGUO FAN DIANXIN WANGLUO ZHAPIANFA XUEXI WENDA

法律出版社法规中心 编

责任编辑 董 昱 张红蕊
装帧设计 汪奇峰

出版发行 法律出版社
编辑统筹 法规出版分社
责任校对 陶玉霞
责任印制 耿润瑜
经　　销 新华书店

开本 A5
印张 7　**字数** 152 千
版本 2022 年 9 月第 1 版
印次 2022 年 9 月第 1 次印刷
印刷 固安华明印业有限公司

地址:北京市丰台区莲花池西里 7 号(100073)
网址:www.lawpress.com.cn
投稿邮箱:info@lawpress.com.cn
举报盗版邮箱:jbwq@lawpress.com.cn
销售电话:010-83938349
客服电话:010-83938350
咨询电话:010-63939796

书号:ISBN 978-7-5197-7019-8
定价:28.00 元
凡购买本社图书,如有印装错误,我社负责退换。电话:010-83938349

目　录

学习问答

综　合

电信治理

金融治理

互联网治理

综合措施

法律责任

附　　则

反 诈 攻 略

公安部详解常见电信网络诈骗手法

典型案例

学习问答

综　合

01 《中华人民共和国反电信网络诈骗法》的立法目的是什么？

答： 预防、遏制和惩治电信网络诈骗活动，加强反电信网络诈骗工作，保护公民和组织的合法权益，维护社会稳定和国家安全。

02 什么是电信网络诈骗？

答： 电信网络诈骗，是指以非法占有为目的，利用电信网络技术手段，通过远程、非接触等方式，诈骗公私财物的行为。

03 《中华人民共和国反电信网络诈骗法》的适用范围是什么？

答： 打击治理在中华人民共和国境内实施的电信网络诈骗活动或者中华人民共和国公民在境外实施的电信网络诈骗活动，适用《中华人民共和国反电信网络诈骗法》。

境外的组织、个人针对中华人民共和国境内实施电信网络诈骗活动的，或者为他人针对境内实施电信网络诈骗活动提供产品、服务等帮助的，依照《中华人民共和国反电信网络诈骗法》有关规定处理和追究责任。

04 反电信网络诈骗工作的指导思想是什么？

答：反电信网络诈骗工作坚持以人民为中心，统筹发展和安全；坚持系统观念、法治思维，注重源头治理、综合治理；坚持齐抓共管、群防群治，全面落实打防管控各项措施，加强社会宣传教育防范；坚持精准防治，保障正常生产经营活动和群众生活便利。

05 反电信网络诈骗工作中如何维护公民和组织的合法权益？

答：反电信网络诈骗工作应当依法进行，维护公民和组织的合法权益。

有关部门和单位、个人应当对在反电信网络诈骗工作过程中知悉的国家秘密、商业秘密和个人隐私、个人信息予以保密。

06 国务院在反电信网络诈骗工作中的职责是什么？

答：国务院建立反电信网络诈骗工作机制，统筹协调打击治理工作。

07 地方各级人民政府在反电信网络诈骗工作中的职责是什么？

答： 地方各级人民政府组织领导本行政区域内反电信网络诈骗工作，确定反电信网络诈骗目标任务和工作机制，开展综合治理。

08 公安机关、有关部门在反电信网络诈骗工作中的职责是什么？

答： 公安机关牵头负责反电信网络诈骗工作，金融、电信、网信、市场监管等有关部门依照职责履行监管主体责任，负责本行业领域反电信网络诈骗工作。

09 人民法院、人民检察院在反电信网络诈骗工作中的职责是什么？

答： 人民法院、人民检察院发挥审判、检察职能作用，依法防范、惩治电信网络诈骗活动。

10 电信业务经营者、银行业金融机构、非银行支付机构、互联网服务提供者在反电信网络诈骗工作中的职责是什么?

答: 电信业务经营者、银行业金融机构、非银行支付机构、互联网服务提供者承担风险防控责任，建立反电信网络诈骗内部控制机制和安全责任制度，加强新业务涉诈风险安全评估。

11 有关部门、单位在反电信网络诈骗工作中的职责是什么?

答: 有关部门、单位在反电信网络诈骗工作中应当密切协作，实现跨行业、跨地域协同配合、快速联动，加强专业队伍建设，有效打击治理电信网络诈骗活动。

12 各级人民政府和有关部门的反电信网络诈骗宣传职责是什么?

答: 各级人民政府和有关部门应当加强反电信网络诈骗宣传，普及相关法律和知识，提高公众对各类电信网络诈骗方式的防骗意识和识骗能力。

13 教育行政、市场监管、民政等有关部门和村民委员会、居民委员会的反电信网络诈骗宣传职责是什么？

答：教育行政、市场监管、民政等有关部门和村民委员会、居民委员会，应当结合电信网络诈骗受害群体的分布等特征，加强对老年人、青少年等群体的宣传教育，增强反电信网络诈骗宣传教育的针对性、精准性，开展反电信网络诈骗宣传教育进学校、进企业、进社区、进农村、进家庭等活动。

14 单位、个人在反电信网络诈骗工作中的义务是什么？

答：各单位应当加强内部防范电信网络诈骗工作，对工作人员开展防范电信网络诈骗教育；个人应当加强电信网络诈骗防范意识。单位、个人应当协助、配合有关部门依照《中华人民共和国反电信网络诈骗法》的规定开展反电信网络诈骗工作。

电信治理

15 电信业务经营者、基础电信企业和移动通信转售企业如何落实电话实名制？

答：电信业务经营者应当依法全面落实电话用户真实身份信息登记制度。

基础电信企业和移动通信转售企业应当承担对代理商落实电话用户实名制管理责任，在协议中明确代理商实名制登记的责任和有关违约处置措施。

16 办理电话卡时，电信业务经营者、国务院电信主管部门如何监测识别？

答：办理电话卡不得超出国家有关规定限制的数量。

对经识别存在异常办卡情形的，电信业务经营者有权加强核查或者拒绝办卡。具体识别办法由国务院电信主管部门制定。

国务院电信主管部门组织建立电话用户开卡数量核验机制和风险信息共享机制，并为用户查询名下电话卡信息提供便捷渠道。

17 电信业务经营者如何处置涉诈异常电话卡用户？

答：电信业务经营者对监测识别的涉诈异常电话卡用户应当重新进行实名核验，根据风险等级采取有区别的、相应的核验措施。对未按规定核验或者核验未通过的，电信业务经营者可以限制、暂停有关电话卡功能。

18 电信业务经营者如何监测物联网卡的使用？

答：电信业务经营者建立物联网卡用户风险评估制度，评估未通过的，不得向其销售物联网卡；严格登记物联网卡用户身份信息；采取有效技术措施限定物联网卡开通功能、使用场景和适用设备。

电信业务经营者对物联网卡的使用建立监测预警机制。对存在异常使用情形的，应当采取暂停服务、重新核验身份和使用场景或者其他合同约定的处置措施。

19 单位用户转售物联网卡的，应履行什么义务？

答：单位用户从电信业务经营者购买物联网卡再将载有物联网卡的设备销售给其他用户的，应当核验和登记用户身份信息，并将销量、存量及用户实名信息传送给号码归属的电信业务经营者。

20 电信业务经营者如何规范真实主叫号码传送?

答: 电信业务经营者应当规范真实主叫号码传送和电信线路出租，对改号电话进行封堵拦截和溯源核查。

电信业务经营者应当严格规范国际通信业务出入口局主叫号码传送，真实、准确向用户提示来电号码所属国家或者地区，对网内和网间虚假主叫、不规范主叫进行识别、拦截。

21 任何单位和个人不得非法制造、买卖、提供或者使用哪些可能用于实施电信网络诈骗等违法犯罪活动的设备、软件?

答: 任何单位和个人不得非法制造、买卖、提供或者使用下列设备、软件:

(1) 电话卡批量插入设备;

(2) 具有改变主叫号码、虚拟拨号、互联网电话违规接入公用电信网络等功能的设备、软件;

(3) 批量账号、网络地址自动切换系统，批量接收提供短信验证、语音验证的平台;

(4) 其他用于实施电信网络诈骗等违法犯罪的设备、软件。

22 电信业务经营者、互联网服务提供者如何防范、处理非法设备、软件接入网络?

答: 电信业务经营者、互联网服务提供者应当采取技术措施，及时识别、阻断《中华人民共和国反电信网络诈骗法》第 14 条第 1 款规定的非法设备、软件接入网络，并向公安机关和相关行业主管部门报告。

23 电信监督管理应遵循哪些原则？

答：电信监督管理遵循政企分开、破除垄断、鼓励竞争、促进发展和公开、公平、公正的原则。

24 电信业务经营者的主要义务有哪些？

答：电信业务经营者应当依法经营，遵守商业道德，接受依法实施的监督检查；应当为电信用户提供迅速、准确、安全、方便和价格合理的电信服务。

电信业务经营者应当按照国家有关电信安全的规定，建立健全内部安全保障制度，实行安全保障责任制。

电信业务经营者在电信网络的设计、建设和运行中，应当做到与国家安全和电信网络安全的需求同步规划，同步建设，同步运行。

在公共信息服务中，电信业务经营者发现电信网络中传输的信息明显属于《中华人民共和国电信条例》第 56 条所列内容的，应当立即停止传输，保存有关记录，并向国家有关机关报告。

25 如何保障电信网络和信息的安全？

答：电信网络和信息的安全受法律保护。任何组织或者个人不得利用电信网络从事危害国家安全、社会公共利益或者他人合法权益的活动。

26 禁止利用电信网络传播含有哪些内容的信息？

答：任何组织或者个人不得利用电信网络制作、复制、发布、传播含有下列内容的信息：

（1）反对宪法所确定的基本原则的；

（2）危害国家安全，泄露国家秘密，颠覆国家政权，破坏国家统一的；

（3）损害国家荣誉和利益的；

（4）煽动民族仇恨、民族歧视，破坏民族团结的；

（5）破坏国家宗教政策，宣扬邪教和封建迷信的；

（6）散布谣言，扰乱社会秩序，破坏社会稳定的；

（7）散布淫秽、色情、赌博、暴力、凶杀、恐怖或者教唆犯罪的；

（8）侮辱或者诽谤他人，侵害他人合法权益的；

（9）含有法律、行政法规禁止的其他内容的。

27 任何组织或者个人不得进行哪些危害电信网络安全和信息安全的行为？

答：任何组织或者个人不得有下列危害电信网络安全和

信息安全的行为：

（1）对电信网的功能或者存储、处理、传输的数据和应用程序进行删除或者修改；

（2）利用电信网从事窃取或者破坏他人信息、损害他人合法权益的活动；

（3）故意制作、复制、传播计算机病毒或者以其他方式攻击他人电信网络等电信设施；

（4）危害电信网络安全和信息安全的其他行为。

28 任何组织或者个人不得进行哪些扰乱电信市场秩序的行为？

答：任何组织或者个人不得有下列扰乱电信市场秩序的行为：

（1）采取租用电信国际专线、私设转接设备或者其他方法，擅自经营国际或者香港特别行政区、澳门特别行政区和台湾地区电信业务；

（2）盗接他人电信线路，复制他人电信码号，使用明知是盗接、复制的电信设施或者码号；

（3）伪造、变造电话卡及其他各种电信服务有价凭证；

（4）以虚假、冒用的身份证件办理入网手续并使用移动电话。

29 如何保护电信用户的通信秘密？

答：电信用户依法使用电信的自由和通信秘密受法律保护。除因国家安全或者追查刑事犯罪的需要，由公安机关、国家安全机关或者人民检察院依照法律规定的程序对电信内容进行检查外，任何组织或者个人不得以任何理由对电信内容进行检查。

电信业务经营者及其工作人员不得擅自向他人提供电信用户使用电信网络所传输信息的内容。

30 什么是网络安全防护工作？通信网络安全防护工作的原则是什么？

答：网络安全防护工作，是指为防止通信网络阻塞、中断、瘫痪或者被非法控制，以及为防止通信网络中传输、存储、处理的数据信息丢失、泄露或者被篡改而开展的工作。

通信网络安全防护工作坚持积极防御、综合防范、分级保护的原则。

31 电信业务经营者、互联网信息服务提供者收集、使用用户个人信息时应注意哪些事项？

答：第一，电信业务经营者、互联网信息服务提供者收集、使用用户个人信息必须经过用户同意。

第二，电信业务经营者、互联网信息服务提供者收集、使用用户个人信息的，应当明确告知用户收集、使用信息的目的、方式和范围，查询、更正信息的渠道以及拒绝提供信息的后果等事项。

第三，电信业务经营者、互联网信息服务提供者不得收集其提供服务所必需以外的用户个人信息或者将信息用于提供服务之外的目的，不得以欺骗、误导或者强迫等方式或者违反法律、行政法规以及双方的约定收集、使用信息。

第四，电信业务经营者、互联网信息服务提供者在用户终止使用电信服务或者互联网信息服务后，应当停止对用户个人信息的收集和使用，并为用户提供注销号码或者账号的服务。

第五，电信业务经营者、互联网信息服务提供者及其工作人员对在提供服务过程中收集、使用的用户个人信息应当严格保密，不得泄露、篡改或者毁损，不得出售或者非法向他人提供。

32 电信业务经营者、互联网信息服务提供者应当采取哪些措施防止用户个人信息泄露、毁损、篡改或者丢失？

答：电信业务经营者、互联网信息服务提供者主要应采取以下措施防止用户个人信息泄露、毁损、篡改或者丢失：

（1）确定各部门、岗位和分支机构的用户个人信息安全管理责任；

（2）建立用户个人信息收集、使用及其相关活动的工作流程和安全管理制度；

（3）对工作人员及代理人实行权限管理，对批量导出、复制、销毁信息实行审查，并采取防泄密措施；

（4）妥善保管记录用户个人信息的纸介质、光介质、电磁介质等载体，并采取相应的安全储存措施；

（5）对储存用户个人信息的信息系统实行接入审查，并采取防入侵、防病毒等措施；

（6）记录对用户个人信息进行操作的人员、时间、地点、事项等信息；

（7）按照电信管理机构的规定开展通信网络安全防护工作；

（8）电信管理机构规定的其他必要措施。

33 用户个人信息发生泄露、毁损、丢失的，应当如何补救？

答：电信业务经营者、互联网信息服务提供者保管的用户个人信息发生或者可能发生泄露、毁损、丢失的，应当立即采取补救措施；造成或者可能造成严重后果的，应当立即向准予其许可或者备案的电信管理机构报告，配合相关部门进行的调查处理。

电信管理机构应当对报告或者发现的可能违反《电信和互联网用户个人信息保护规定》的行为的影响进行评估；影响特别重大的，相关省、自治区、直辖市通信管理局应当向工业和信息化部报告。电信管理机构在依据《电信和互联网用户个人信息保护规定》作出处理决定前，可以要求电信业务经营者和互联网信息服务提供者暂停有关行为，电信业务经营者和互联网信息服务提供者应当执行。

34 对基础电信业务经营者的哪些行为应当予以警告并责令其限期改正？

答：基础电信业务经营者有下列行为之一，电信监管部门应当予以警告并责令其限期改正。逾期未改正的，可以在行业内予以通报批评：

（1）未建立网络运行维护责任制，或者未制定网络运行维护制度的；

（2）未按照本办法规定保证网络运行安全所必需的资金投入，致使生产经营单位不具备网络运行安全条件的；

（3）未制定和演练网络运行事故应急处置预案的；

（4）未对从业人员进行网络运行安全和安全生产的教育和培训的；

（5）新建、改建、扩建工程项目时未同时考虑网络运行安全设施建设的；

（6）未执行网络运行维护行业标准的；

（7）对电信设备、传输线路的代维企业管理不力，引发网络运行事故的；

（8）发生网络运行事故，未及时、如实上报或者对事故调查处理不力的；

(9) 未按时向电信监管部门报送网络运行基础数据的;

(10) 不配合电信监管部门对网络运行维护工作的监督检查及对网络运行事故的调查处理的;

(11) 在重大活动、重要节假日以及公共突发事件时,不执行网络运行安全管理措施或不听从电信监管部门指挥、调度的。

金 融 治 理

35 银行业金融机构、非银行支付机构如何防范银行账户、支付账户等被用于电信网络诈骗活动?

答: 银行业金融机构、非银行支付机构为客户开立银行账户、支付账户及提供支付结算服务,和与客户业务关系存续期间,应当建立客户尽职调查制度,依法识别受益所有人,采取相应风险管理措施,防范银行账户、支付账户等被用于电信网络诈骗活动。

36 如何对开立银行账户、支付账户的情况进行监督?

答: 开立银行账户、支付账户不得超出国家有关规定限制的数量。

对经识别存在异常开户情形的，银行业金融机构、非银行支付机构有权加强核查或者拒绝开户。

中国人民银行、国务院银行业监督管理机构组织有关清算机构建立跨机构开户数量核验机制和风险信息共享机制，并为客户提供查询名下银行账户、支付账户的便捷渠道。银行业金融机构、非银行支付机构应当按照国家有关规定提供开户情况和有关风险信息。相关信息不得用于反电信网络诈骗以外的其他用途。

37 对开立企业账户异常情形，银行业金融机构、非银行支付机构及有关部门如何进行风险防控？

答：银行业金融机构、非银行支付机构应当建立开立企业账户异常情形的风险防控机制。金融、电信、市场监管、税务等有关部门建立开立企业账户相关信息共享查询系统，提供联网核查服务。

38 对于企业实名制，市场主体登记机关负有哪些职责？

答：市场主体登记机关应当依法对企业实名登记履行身份信息核验职责；依照规定对登记事项进行监督检查，对可能存在虚假登记、涉诈异常的企业重点监督检查，依法撤销登记的，依照《中华人民共和国反电信网络诈骗法》第 17 条第 1 款的规定及时共享信息；为银行业金融机构、非银行支付机构进行客户尽职调查和依法识别受益所有人提供便利。

39 对银行账户、支付账户及支付结算服务，银行业金融机构、非银行支付机构及中国人民银行如何进行异常账户和可疑交易监测识别？

答：银行业金融机构、非银行支付机构应当对银行账户、支付账户及支付结算服务加强监测，建立完善符合电信网络诈骗活动特征的异常账户和可疑交易监测机制。

中国人民银行统筹建立跨银行业金融机构、非银行支付机构的反洗钱统一监测系统，会同国务院公安部门完善与电信网络诈骗犯罪资金流转特点相适应的反洗钱可疑交易报告制度。

对监测识别的异常账户和可疑交易，银行业金融机构、非银行支付机构应当根据风险情况，采取核实交易情况、重新核验身份、延迟支付结算、限制或者中止有关业务等必要的防范措施。

银行业金融机构、非银行支付机构依照《中华人民共和国反电信网络诈骗法》第 18 条第 1 款规定开展异常账户和可疑交易监测时，可以收集异常客户互联网协议地址、网卡地址、支付受理终端信息等必要的交易信息、设备位置信息。上述信息未经客户授权，不得用于反电信网络诈骗以外的其他用途。

40 银行业金融机构、非银行支付机构如何保证交易信息的真实、完整和支付全流程中的一致性？

答：银行业金融机构、非银行支付机构应当按照国家有关规定，完整、准确传输直接提供商品或者服务的商户名称、收付款客户名称及账号等交易信息，保证交易信息的真实、完整和支付全流程中的一致性。

41 如何建立电信网络诈骗涉案资金即时查询、紧急止付、快速冻结、及时解冻和资金返还制度？

答：国务院公安部门会同有关部门建立完善电信网络诈骗涉案资金即时查询、紧急止付、快速冻结、及时解冻和资金返还制度，明确有关条件、程序和救济措施。

公安机关依法决定采取上述措施的，银行业金融机构、非银行支付机构应当予以配合。

42 企业事业单位开立账户有什么限制？

答：企业事业单位可以自主选择一家商业银行的营业场所开立一个办理日常转账结算和现金收付的基本账户，不得开立两个以上基本账户。任何单位和个人不得将单位的资金以个人名义开立账户存储。

43 对擅自设立商业银行，非法、变相吸收公众存款的行为应如何处罚？

答：未经国务院银行业监督管理机构批准，擅自设立商业银行，或者非法吸收公众存款、变相吸收公众存款，构成犯罪的，依法追究刑事责任；并由国务院银行业监督管理机构予以取缔。

44 对借款人采取欺诈手段骗取贷款的行为应如何处罚？

答：借款人采取欺诈手段骗取贷款，构成犯罪的，依法追究刑事责任。

45 金融机构和特定非金融机构的反洗钱义务有哪些？

答：在中华人民共和国境内设立的金融机构和按照规定应当履行反洗钱义务的特定非金融机构，应当依法采取预防、监控措施，建立健全客户身份识别制度、客户身份资料和交易记录保存制度、大额交易和可疑交易报告制度，履行反洗钱义务。

46 金融机构如何建立客户身份识别制度？

答：金融机构应当按照规定建立客户身份识别制度。

金融机构在与客户建立业务关系或者为客户提供规定金额以上的现金汇款、现钞兑换、票据兑付等一次性金融服务时，应当要求客户出示真实有效的身份证件或者其他身份证明文件，进行核对并登记。

客户由他人代理办理业务的，金融机构应当同时对代理人和被代理人的身份证件或者其他身份证明文件进行核对并登记。

与客户建立人身保险、信托等业务关系，合同的受益人不是客户本人的，金融机构还应当对受益人的身份证件或者其他身份证明文件进行核对并登记。

金融机构不得为身份不明的客户提供服务或者与其进行交易，不得为客户开立匿名账户或者假名账户。

金融机构对先前获得的客户身份资料的真实性、有效性或者完整性有疑问的，应当重新识别客户身份。

任何单位和个人在与金融机构建立业务关系或者要求金融机构为其提供一次性金融服务时，都应当提供真实有效的身份证件或者其他身份证明文件。

47 对金融机构的客户身份资料和交易记录保存制度有何要求？

答：金融机构应当按照规定建立客户身份资料和交易记录保存制度。在业务关系存续期间，客户身份资料发生变更的，应当及时更新客户身份资料。

客户身份资料在业务关系结束后、客户交易信息在交易结束后，应当至少保存5年。

金融机构破产和解散时，应当将客户身份资料和客户交易信息移交国务院有关部门指定的机构。

48 金融机构如何执行大额交易和可疑交易报告制度？

答：金融机构应当按照规定执行大额交易和可疑交易报告制度。

金融机构办理的单笔交易或者在规定期限内的累计交易超过规定金额或者发现可疑交易的，应当及时向反洗钱信息中心报告。

49 对金融机构未履行客户身份识别义务或者未按照规定保存客户身份资料和交易记录的行为应如何处罚？

答：金融机构未按照规定履行客户身份识别义务或者未按照规定保存客户身份资料和交易记录的，由国务院反洗钱行政主管部门或者其授权的设区的市一级以上派出机构责令限期改正；情节严重的，处20万元以上50万元以下罚款，并对直接负责的董事、高级管理人员和其他直接责任人员，处1万元以上5万元以下罚款。

金融机构有上述行为，致使洗钱后果发生的，处 50 万元以上 500 万元以下罚款，并对直接负责的董事、高级管理人员和其他直接责任人员处 5 万元以上 50 万元以下罚款；情节特别严重的，反洗钱行政主管部门可以建议有关金融监督管理机构责令停业整顿或者吊销其经营许可证。

另外，对金融机构直接负责的董事、高级管理人员和其他直接责任人员，反洗钱行政主管部门还可以建议有关金融监督管理机构依法责令金融机构给予纪律处分，或者建议依法取消其任职资格、禁止其从事有关金融行业工作。

50 外资银行营业性机构应向哪个机构报告跨境大额资金流动和资产转移的情况？

答：外资银行营业性机构应当按照国务院银行业监督管理机构的有关规定，向其所在地的银行业监督管理机构报告跨境大额资金流动和资产转移情况。

51 什么是实名？哪些身份证件属于实名证件？

答：实名，是指符合法律、行政法规和国家有关规定的身份证件上使用的姓名。

以下身份证件为实名证件：

（1）居住在境内的中国公民，为居民身份证或者临时居民身份证；

（2）居住在境内的 16 周岁以下的中国公民，为户口簿；

（3）中国人民解放军军人，为军人身份证件；中国人民武装警察，为武装警察身份证件；

（4）香港、澳门居民，为港澳居民往来内地通行证；台湾居民，为台湾居民来往大陆通行证或者其他有效旅行证件；

（5）外国公民，为护照。

52 在金融机构开立个人存款账户有哪些要求？

答：个人在金融机构开立个人存款账户时，应当出示本人身份证件，使用实名。代理他人在金融机构开立个人存款账户的，代理人应当出示被代理人和代理人的身份证件。

在金融机构开立个人存款账户的，金融机构应当要求其出示本人身份证件，进行核对，并登记其身份证件上的姓名和号码。代理他人在金融机构开立个人存款账户的，金融机构应当要求其出示被代理人和代理人的身份证件，进行核对，并登记被代理人和代理人的身份证件上的姓名和号码。

不出示本人身份证件或者不使用本人身份证件上的姓名的，金融机构不得为其开立个人存款账户。

53 反洗钱和反恐怖融资内部控制制度由哪个部门建立？这一制度包括哪些内容？

答：银行业金融机构应当依法建立反洗钱和反恐怖融资内部控制制度，并对分支机构和附属机构的执行情况进行管理。反洗钱和反恐怖融资内部控制制度应当包括下列内容：

（1）反洗钱和反恐怖融资内部控制职责划分；

（2）反洗钱和反恐怖融资内部控制措施；

（3）反洗钱和反恐怖融资内部控制评价机制；

（4）反洗钱和反恐怖融资内部控制监督制度；

（5）重大洗钱和恐怖融资风险事件应急处置机制；

（6）反洗钱和反恐怖融资工作信息保密制度；

（7）国务院银行业监督管理机构及国务院反洗钱行政主管部门规定的其他内容。

54 什么是电子支付？电子支付有哪些类型？

答：电子支付是指单位、个人直接或授权他人通过电子终端发出支付指令，实现货币支付与资金转移的行为。

电子支付的类型按电子支付指令发起方式分为网上支付、电话支付、移动支付、销售点终端交易、自动柜员机交易和其他电子支付。

55 办理电子支付业务的银行应公开披露哪些信息？

答：办理电子支付业务的银行应公开披露以下信息：

（1）银行名称、营业地址及联系方式；

（2）客户办理电子支付业务的条件；

（3）所提供的电子支付业务品种、操作程序和收费标准等；

（4）电子支付交易品种可能存在的全部风险，包括该品种的操作风险、未采取的安全措施、无法采取安全措施的安全漏洞等；

（5）客户使用电子支付交易品种可能产生的风险；

（6）提醒客户妥善保管、使用或授权他人使用电子支付交易存取工具（如卡、密码、密钥、电子签名制作数据等）的警示性信息；

（7）争议及差错处理方式。

56 银行针对不同客户的电子支付金额应如何限制？

答：银行应根据审慎性原则并针对不同客户，在电子支付类型、单笔支付金额和每日累计支付金额等方面做出合理限制。

银行通过互联网为个人客户办理电子支付业务，除采用数字证书、电子签名等安全认证方式外，单笔金额不应超过1000元人民币，每日累计金额不应超过5000元人民币。

银行为客户办理电子支付业务，单位客户从其银行结算账户支付给个人银行结算账户的款项，其单笔金额不得超过5万元人民币，但银行与客户通过协议约定，能够事先提供有效付款依据的除外。

银行应在客户的信用卡授信额度内，设定用于网上支付交易的额度供客户选择，但该额度不得超过信用卡的预借现金额度。

57 如何保护电子支付交易数据的完整性和可靠性？

答：银行应采取必要措施保护电子支付交易数据的完整性和可靠性：

（1）制定相应的风险控制策略，防止电子支付业务处理系统发生有意或无意的危害数据完整性和可靠性的变化，并具备有效的业务容量、业务连续性计划和应急计划；

（2）保证电子支付交易与数据记录程序的设计发生擅自变更时能被有效侦测；

（3）有效防止电子支付交易数据在传送、处理、存储、使用和修改过程中被篡改，任何对电子支付交易数据的篡改能通过交易处理、监测和数据记录功能被侦测；

（4）按照会计档案管理的要求，对电子支付交易数据，以纸介质或磁性介质的方式进行妥善保存，保存期限为 5 年，并方便调阅。

58 银行应采取哪些措施为电子支付交易数据保密？

答：银行应采取以下必要措施为电子支付交易数据保密：

（1）对电子支付交易数据的访问须经合理授权和确认；

（2）电子支付交易数据须以安全方式保存，并防止其在公共、私人或内部网络上传输时被擅自查看或非法截取；

（3）第三方获取电子支付交易数据必须符合有关法律法

规的规定以及银行关于数据使用和保护的标准与控制制度；

（4）对电子支付交易数据的访问均须登记，并确保该登记不被篡改。

59 什么是电信网络新型违法犯罪案件？公安机关及银行业金融机构如何实施涉案冻结资金返还工作？

答：电信网络新型违法犯罪案件，是指不法分子利用电信、互联网等技术，通过发送短信、拨打电话、植入木马等手段，诱骗（盗取）被害人资金汇（存）入其控制的银行账户，实施的违法犯罪案件。

公安机关应当依照法律、行政法规和《电信网络新型违法犯罪案件冻结资金返还若干规定》规定的职责、范围、条件和程序，坚持客观、公正、便民的原则，实施涉案冻结资金返还工作。银行业金融机构应当依照有关法律、行政法规和《电信网络新型违法犯罪案件冻结资金返还若干规定》，协助公安机关实施涉案冻结资金返还工作。

60 被害人如何协助办理被骗（盗）资金的返还工作？

答：被害人在办理被骗（盗）资金返还过程中，应当提供真实有效的信息，配合公安机关和银行业金融机构开展相应的工作。

被害人应当由本人办理冻结资金返还手续。本人不能办理的，可以委托代理人办理；公安机关应当核实委托关系的真实性。

被害人委托代理人办理冻结资金返还手续的，应当出具合法的委托手续。

61 冻结资金的返还原则是什么？如何返还冻结资金？

答：冻结资金以溯源返还为原则，由公安机关区分不同情况按以下方式返还：

（1）冻结账户内仅有单笔汇（存）款记录，可直接溯源被害人的，直接返还被害人；

（2）冻结账户内有多笔汇（存）款记录，按照时间戳记载可以直接溯源被害人的，直接返还被害人；

（3）冻结账户内有多笔汇（存）款记录，按照时间戳记载无法直接溯源被害人的，按照被害人被骗（盗）金额占冻结在案资金总额的比例返还。

按比例返还的，公安机关应当发出公告，公告期为30日，公告期间内被害人、其他利害关系人可就返还冻结提出异议，公安机关依法进行审核。

冻结账户返还后剩余资金在原冻结期内继续冻结；公安机关根据办案需要可以在冻结期满前依法办理续冻手续。如查清新的被害人，公安机关可以按照《电信网络新型违法犯罪案件冻结资金返还若干规定》启动新的返还程序。

62 冻结资金返还的手续费如何扣除？

答：冻结资金返还的金额以冻结账户的实际到账金额为准。资金返还产生的手续费从返还金额中扣除。

63 公安机关办理冻结资金返还工作需持有哪些证件？

答：办理冻结资金返还时，由两名以上冻结公安机关办案人员持本人有效人民警察证、《电信网络新型违法犯罪冻结资金返还决定书》原件和《电信网络新型违法犯罪冻结资金协助返还通知书》原件前往冻结银行办理返还工作，商业银行对相关手续材料内容进行形式审查，并可留存《电信网络新型违法犯罪冻结资金返还决定书》复印件。冻结公安机关在办理冻结资金返还时，应同时告知所在地省级反诈骗中心。

64 冻结银行受理资金返还工作应核实哪些信息？

答：冻结银行受理资金返还工作时，可以向冻结公安机关所在地的省级反诈骗中心电话核实办案民警身份，并按照《电信网络新型违法犯罪案件冻结资金返还若干规定实施细则》第 22 条、第 23 条的规定，审核冻结公安机关提供的材料。身份有疑问或材料不齐全的，冻结银行有权拒绝办理资金返还工作。

65 银行在办理跨境业务的准入和存续期间，应识别客户的哪些背景信息？

答：银行在办理跨境业务的准入和存续期间，应识别客户以下背景信息，包括但不限于：客户洗钱和恐怖融资风险等级、在相关监管部门和银行的违规记录、不良记录等；客户经营状况、股东或实际控制人、受益所有人、主要关联企业与交易对手、信用记录、财务指标、资金来源和用途、建立业务关系的意图和性质、交易意图及逻辑、涉外经营和跨境收支行为、是否为政治公众人物等。

66 哪些情形下，银行和支付机构有权拒绝开户？

答：银行和支付机构应加强对异常开户行为的审核。有下列情形之一的，有权拒绝开户：

（1）对单位和个人身份信息存在疑义，要求出示辅助证件，单位和个人拒绝出示的；

（2）单位和个人组织他人同时或者分批开立账户的；

（3）有明显理由怀疑开立账户从事违法犯罪活动的。

67 银行和支付机构提供转账服务时应当执行哪些规定？

答：银行和支付机构提供转账服务时应当执行下列规定：

（1）向存款人提供实时到账、普通到账、次日到账等多种转账方式选择，存款人在选择后才能办理业务。

（2）除向本人同行账户转账外，个人通过自助柜员机（含其他具有存取款功能的自助设备）转账的，发卡行在受理24小时后办理资金转账。在发卡行受理后24小时内，个人可以向发卡行申请撤销转账。受理行应当在受理结果界面对转账业务办理时间和可撤销规定作出明确提示。

（3）银行通过自助柜员机为个人办理转账业务的，应当增加汉语语音提示，并通过文字、标识、弹窗等设置防诈骗提醒；非汉语提示界面应当对资金转出等核心关键字段提供汉语提示，无法提示的，不得提供转账。

68 人民银行分支机构、银行和支付机构在打击治理电信网络新型违法犯罪工作方面应当如何做？如何建立人民银行分支机构、银行和支付机构的责任追究机制？

答：人民银行分支机构、银行和支付机构应当履职尽责，确保打击治理电信网络新型违法犯罪工作取得实效。

凡是发生电信网络新型违法犯罪案件的，应当倒查银行、支付机构的责任落实情况。银行和支付机构违反相关制度以及《中国人民银行关于加强支付结算管理防范电信网络新型违法犯罪有关事项的通知》的规定，应当按照有关规定进行处罚；情节严重的，人民银行依据《中国人民银行法》第46条的规定予以处罚，并可采取暂停1个月至6个月新开立账户和办理支付业务的监管措施。

凡是人民银行分支机构监管责任不落实，导致辖区内银行和支付机构未有效履职尽责，公众在电信网络新型违法犯罪活动中遭受严重资金损失，产生恶劣社会影响的，应当对人民银行分支机构进行问责。

69 银行和支付机构如何全面设置防诈骗提示？

答： 自2019年4月1日起，银行应当在营业网点和柜台醒目位置张贴防范电信网络新型违法犯罪提示，并提醒客户阅知。自2019年6月1日起，银行和支付机构应当在所有电子渠道的转账操作界面设置防范电信网络新型违法犯罪提示。

互联网治理

70 电信业务经营者、互联网服务提供者在与用户签订协议或者确认提供服务时，若用户不提供真实身份信息，电信业务经营者、互联网服务提供者不得提供哪些服务？

答： 电信业务经营者、互联网服务提供者为用户提供下列服务，在与用户签订协议或者确认提供服务时，应当依法要求用户提供真实身份信息，用户不提供真实身份信息的，不得提供服务：

（1）提供互联网接入服务；

（2）提供网络代理等网络地址转换服务；

（3）提供互联网域名注册、服务器托管、空间租用、云服务、内容分发服务；

（4）提供信息、软件发布服务，或者提供即时通讯、网络交易、网络游戏、网络直播发布、广告推广服务。

71 互联网服务提供者对涉诈异常账号、涉案电话卡、涉诈异常电话卡应采取什么处置措施？

答：互联网服务提供者对监测识别的涉诈异常账号应当重新核验，根据国家有关规定采取限制功能、暂停服务等处置措施。

互联网服务提供者应当根据公安机关、电信主管部门要求，对涉案电话卡、涉诈异常电话卡所关联注册的有关互联网账号进行核验，根据风险情况，采取限期改正、限制功能、暂停使用、关闭账号、禁止重新注册等处置措施。

72 《中华人民共和国反电信网络诈骗法》对于设立移动互联网应用程序，规定了哪些监督手段？

答：设立移动互联网应用程序应当按照国家有关规定向

电信主管部门办理许可或者备案手续。

为应用程序提供封装、分发服务的，应当登记并核验应用程序开发运营者的真实身份信息，核验应用程序的功能、用途。

公安、电信、网信等部门和电信业务经营者、互联网服务提供者应当加强对分发平台以外途径下载传播的涉诈应用程序重点监测、及时处置。

73 域名解析、域名跳转、网址链接转换服务的提供者，应履行哪些义务？

答：提供域名解析、域名跳转、网址链接转换服务的，应当按照国家有关规定，核验域名注册、解析信息和互联网协议地址的真实性、准确性，规范域名跳转，记录并留存所提供相应服务的日志信息，支持实现对解析、跳转、转换记录的溯源。

74 任何单位和个人不得为他人实施电信网络诈骗提供哪些支持或者帮助？

答：任何单位和个人不得为他人实施电信网络诈骗活动提供下列支持或者帮助：

（1）出售、提供个人信息；

（2）帮助他人通过虚拟货币交易等方式洗钱；

（3）其他为电信网络诈骗活动提供支持或者帮助的行为。

75 电信业务经营者、互联网服务提供者对利用哪些业务从事涉诈支持、帮助活动进行监测识别和处置？

答： 电信业务经营者、互联网服务提供者应当依照国家有关规定，履行合理注意义务，对利用下列业务从事涉诈支持、帮助活动进行监测识别和处置：

（1）提供互联网接入、服务器托管、网络存储、通讯传输、线路出租、域名解析等网络资源服务；

（2）提供信息发布或者搜索、广告推广、引流推广等网络推广服务；

（3）提供应用程序、网站等网络技术、产品的制作、维护服务；

（4）提供支付结算服务。

76 互联网服务提供者如何配合电信网络诈骗案件的办理？

答： 公安机关办理电信网络诈骗案件依法调取证据的，互联网服务提供者应当及时提供技术支持和协助。

互联网服务提供者依照《中华人民共和国反电信网络诈骗法》规定对有关涉诈信息、活动进行监测时，发现涉诈违法犯罪线索、风险信息的，应当依照国家有关规定，根据涉诈风险类型、程度情况移送公安、金融、电信、网信等部门。有关部门应当建立完善反馈机制，将相关情况及时告知移送单位。

77 哪些部门负有网络安全和监督管理的职责？

答：国家网信部门负责统筹协调网络安全工作和相关监督管理工作。国务院电信主管部门、公安部门和其他有关机关依照《中华人民共和国网络安全法》和有关法律、行政法规的规定，在各自职责范围内负责网络安全保护和监督管理工作。

县级以上地方人民政府有关部门的网络安全保护和监督管理职责，按照国家有关规定确定。

78 网信部门和有关部门在履行网络安全保护职责中获取的信息可以用于其他用途吗？

答：网信部门和有关部门在履行网络安全保护职责中获取的信息，只能用于维护网络安全的需要，不得用于其他用途。

79 负有网络安全监督管理职责的部门及其工作人员在履行职责时负有哪些义务？

答：依法负有网络安全监督管理职责的部门及其工作人员，必须对在履行职责中知悉的个人信息、隐私和商业秘密严格保密，不得泄露、出售或者非法向他人提供。

80 个人和组织在使用网络时负有哪些义务？

答：任何个人和组织应当对其使用网络的行为负责，不得设立用于实施诈骗，传授犯罪方法，制作或者销售违禁物品、管制物品等违法犯罪活动的网站、通讯群组，不得利用网络发布涉及实施诈骗，制作或者销售违禁物品、管制物品以及其他违法犯罪活动的信息。

81 什么是网络、网络安全、网络运营者、网络数据和个人信息？

答：根据《中华人民共和国网络安全法》第 76 条的规定：

网络，是指由计算机或者其他信息终端及相关设备组成的按照一定的规则和程序对信息进行收集、存储、传输、交换、处理的系统。

网络安全，是指通过采取必要措施，防范对网络的攻击、侵入、干扰、破坏和非法使用以及意外事故，使网络处于稳定可靠运行的状态，以及保障网络数据的完整性、保密性、可用性的能力。

网络运营者，是指网络的所有者、管理者和网络服务提供者。

网络数据，是指通过网络收集、存储、传输、处理和产生的各种电子数据。

个人信息，是指以电子或者其他方式记录的能够单独或者与其他信息结合识别自然人个人身份的各种信息，包括但不限于自然人的姓名、出生日期、身份证件号码、个人生物识别信息、住址、电话号码等。

82 各地区、各部门对于数据和数据安全工作是如何分工的?

答：各地区、各部门对本地区、本部门工作中收集和产生的数据及数据安全负责。

工业、电信、交通、金融、自然资源、卫生健康、教育、科技等主管部门承担本行业、本领域数据安全监管职责。

公安机关、国家安全机关等依照《中华人民共和国数据安全法》和有关法律、行政法规的规定，在各自职责范围内承担数据安全监管职责。

国家网信部门依照《中华人民共和国数据安全法》和有关法律、行政法规的规定，负责统筹协调网络数据安全和相关监管工作。

83 开展网络数据处理活动时如何保障数据安全?

答：开展数据处理活动应当依照法律、法规的规定，建立健全全流程数据安全管理制度，组织开展数据安全教育培训，采取相应的技术措施和其他必要措施，保障数据安全。利用互联网等信息网络开展数据处理活动，应当在网络安全等级保护制度的基础上，履行上述数据安全保护义务。

重要数据的处理者应当明确数据安全负责人和管理机构，落实数据安全保护责任。

84 计算机信息网络国际联网的安全保护管理工作由哪个部门负责？

答：公安部计算机管理监察机构负责计算机信息网络国际联网的安全保护管理工作。

公安机关计算机管理监察机构应当保护计算机信息网络国际联网的公共安全，维护从事国际联网业务的单位和个人的合法权益和公众利益。

85 任何单位和个人不得从事哪些危害计算机信息网络安全的活动？

答：任何单位和个人不得从事下列危害计算机信息网络安全的活动：

（1）未经允许，进入计算机信息网络或者使用计算机信息网络资源的；

（2）未经允许，对计算机信息网络功能进行删除、修改或者增加的；

（3）未经允许，对计算机信息网络中存储、处理或者传输的数据和应用程序进行删除、修改或者增加的；

（4）故意制作、传播计算机病毒等破坏性程序的；

（5）其他危害计算机信息网络安全的。

86 国家网络安全审查工作机制由哪些部门建立？

答：在中央网络安全和信息化委员会领导下，国家互联网信息办公室会同中华人民共和国国家发展和改革委员会、中华人民共和国工业和信息化部、中华人民共和国公安部、中华人民共和国国家安全部、中华人民共和国财政部、中华人民共和国商务部、中国人民银行、国家市场监督管理总局、国家广播电视总局、中国证券监督管理委员会、国家保密局、国家密码管理局建立国家网络安全审查工作机制。

87 网络安全审查办公室设在哪个部门？其具体职责有哪些？

网络安全审查办公室设在国家互联网信息办公室，负责制定网络安全审查相关制度规范，组织网络安全审查。

88 参与网络安全审查的相关机构和人员负有哪些职责？

答：参与网络安全审查的相关机构和人员应当严格保护知识产权，对在审查工作中知悉的商业秘密、个人信息，当事人、产品和服务提供者提交的未公开材料，以及其他未公开信息承担保密义务；未经信息提供方同意，不得向无关方披露或者用于审查以外的目的。

89 哪个部门负责互联网用户账号信息的监督管理工作？

答： 国家网信部门负责全国互联网用户账号信息的监督管理工作。

地方网信部门依据职责负责本行政区域内的互联网用户账号信息的监督管理工作。

90 互联网用户注册、使用账号信息，有哪些禁止性规定？

答： 互联网用户注册、使用账号信息，不得有下列情形：

（1）违反《网络信息内容生态治理规定》第 6 条、第 7 条规定；

（2）假冒、仿冒、捏造政党、党政军机关、企事业单位、人民团体和社会组织的名称、标识等；

（3）假冒、仿冒、捏造国家（地区）、国际组织的名称、标识等；

（4）假冒、仿冒、捏造新闻网站、报刊社、广播电视机构、通讯社等新闻媒体的名称、标识等，或者擅自使用“新闻”“报道”等具有新闻属性的名称、标识等；

（5）假冒、仿冒、恶意关联国家行政区域、机构所在地、标志性建筑物等重要空间的地理名称、标识等；

（6）以损害公共利益或者谋取不正当利益等为目的，故意夹带二维码、网址、邮箱、联系方式等，或者使用同音、谐音、相近的文字、数字、符号和字母等；

（7）含有名不副实、夸大其词等可能使公众受骗或者产生误解的内容；

（8）含有法律、行政法规和国家有关规定禁止的其他内容。

91 互联网信息服务提供者为互联网用户提供信息发布、即时通讯等服务，负有哪些职责？

答：互联网信息服务提供者为互联网用户提供信息发布、即时通讯等服务的，应当对申请注册相关账号信息的用户进行基于移动电话号码、身份证件号码或者统一社会信用代码等方式的真实身份信息认证。用户不提供真实身份信息，或者冒用组织机构、他人身份信息进行虚假注册的，不得为其提供相关服务。

92 哪个部门对互联网信息服务提供者管理互联网用户注册、使用账号信息情况实施监督检查？在实施监督检查时，互联网信息服务提供者负有哪些义务？

答：网信部门依法对互联网信息服务提供者管理互联网用户注册、使用账号信息情况实施监督检查。互联网信息服务务提供者应当予以配合，并提供必要的技术、数据等支持和协助。

93 发现互联网信息服务提供者存在较大网络信息安全风险的，如何处理？

答：发现互联网信息服务提供者存在较大网络信息安全风险的，省级以上网信部门可以要求其采取暂停信息更新、用户账号注册或者其他相关服务等措施。互联网信息服务提供者应当按照要求采取措施，进行整改，消除隐患。

94 网络交易经营者收集、使用消费者个人信息，应当注意哪些事项？

答：网络交易经营者收集、使用消费者个人信息，应当遵循合法、正当、必要的原则，明示收集、使用信息的目的、方式和范围，并经消费者同意。网络交易经营者收集、使用消费者个人信息，应当公开其收集、使用规则，不得违反法律、法规的规定和双方的约定收集、使用信息。

网络交易经营者不得采用一次概括授权、默认授权、与其他授权捆绑、停止安装使用等方式，强迫或者变相强迫消费者同意收集、使用与经营活动无直接关系的信息。收集、使用个人生物特征、医疗健康、金融账户、个人行踪等敏感信息的，应当逐项取得消费者同意。

网络交易经营者及其工作人员应当对收集的个人信息严

格保密，除依法配合监管执法活动外，未经被收集者授权同意，不得向包括关联方在内的任何第三方提供。

95 网络交易经营者未经消费者同意或者请求，可以向其发送商业信息吗？

答： 网络交易经营者未经消费者同意或者请求，不得向其发送商业性信息。

96 网络交易经营者发送商业性信息时，应当注意哪些事项？

答： 网络交易经营者发送商业性信息时，应当明示其真实身份和联系方式，并向消费者提供显著、简便、免费的拒绝继续接收的方式。消费者明确表示拒绝的，应当立即停止发送，不得更换名义后再次发送。

97 网络交易经营者采取自动展期、自动续费等方式提供服务的，应当注意哪些事项？

答： 网络交易经营者采取自动展期、自动续费等方式提供服务的，应当在消费者接受服务前和自动展期、自动续费等日期前5日，以显著方式提请消费者注意，由消费者自主选择；在服务期间内，应当为消费者提供显著、简便的随时取消或者变更的选项，并不得收取不合理费用。

98 通过网络社交、网络直播等网络服务开展网络交易活动的网络交易经营者负有哪些义务？

答：通过网络社交、网络直播等网络服务开展网络交易活动的网络交易经营者，应当以显著方式展示商品或者服务及其实际经营主体、售后服务等信息，或者上述信息的链接标识。

网络直播服务提供者对网络交易活动的直播视频保存时间自直播结束之日起不少于3年。

综 合 措 施

99 公安机关如何打击治理电信网络诈骗活动？

答：公安机关应当建立完善打击治理电信网络诈骗工作机制，加强专门队伍和专业技术建设，各警种、各地公安机关应当密切配合，依法有效惩处电信网络诈骗活动。

公安机关接到电信网络诈骗活动的报案或者发现电信网络诈骗活动，应当依照《中华人民共和国刑事诉讼法》的规定立案侦查。

100 如何防范个人信息被用于电信网络诈骗？

答：个人信息处理者应当依照《中华人民共和国个人信

息保护法》等法律规定，规范个人信息处理，加强个人信息保护，建立个人信息被用于电信网络诈骗的防范机制。

履行个人信息保护职责的部门、单位对可能被电信网络诈骗利用的物流信息、交易信息、贷款信息、医疗信息、婚介信息等实施重点保护。公安机关办理电信网络诈骗案件，应当同时查证犯罪所利用的个人信息来源，依法追究相关人员和单位责任。

101 电信业务经营者、银行业金融机构、非银行支付机构、互联网服务提供者，新闻、广播、电视、文化、互联网信息服务等单位如何进行反电信网络诈骗的宣传？

答：电信业务经营者、银行业金融机构、非银行支付机构、互联网服务提供者应当对从业人员和用户开展反电信网络诈骗宣传，在有关业务活动中对防范电信网络诈骗作出提示，对本领域新出现的电信网络诈骗手段及时向用户作出提醒，对非法买卖、出租、出借本人有关卡、账户、账号等被用于电信网络诈骗的法律责任作出警示。

新闻、广播、电视、文化、互联网信息服务等单位，应当面向社会有针对性地开展反电信网络诈骗宣传教育。

102 非法买卖、出租、出借电话卡、物联网卡、电信线路、短信端口、银行账户、支付账户、互联网账号等的，提供实名核验帮助的；以及假冒他人身份或者虚构代理关系开立上述卡、账户、账号等的，如何处置？

答：任何单位和个人不得非法买卖、出租、出借电话卡、物联网卡、电信线路、短信端口、银行账户、支付账户、互联网账号等，不得提供实名核验帮助；不得假冒他人身份或者虚构代理关系开立上述卡、账户、账号等。

对经设区的市级以上公安机关认定的实施上述行为的单位、个人和相关组织者，以及因从事电信网络诈骗活动或者关联犯罪受过刑事处罚的人员，可以按照国家有关规定记入信用记录，采取限制其有关卡、账户、账号等功能和停止非柜面业务、暂停新业务、限制入网等措施。对上述认定和措施有异议的，可以提出申诉，有关部门应当建立健全申诉渠道、信用修复和救济制度。具体办法由国务院公安部门会同有关主管部门规定。

103 电信网络诈骗技术反制措施的作用是什么？

答：国家支持电信业务经营者、银行业金融机构、非银行支付机构、互联网服务提供者研究开发有关电信网络诈骗反制技术，用于监测识别、动态封堵和处置涉诈异常信息、活动。

国务院公安部门、金融管理部门、电信主管部门和国家网信部门等应当统筹负责本行业领域反制技术措施建设，推进涉电信网络诈骗样本信息数据共享，加强涉诈用户信息交叉核验，建立有关涉诈异常信息、活动的监测识别、动态封堵和处置机制。

104 因异常情形被采取限制、暂停服务等措施的，有哪些救济措施？

答：依据《中华人民共和国反电信网络诈骗法》第11条、第12条、第18条、第22条和第32条第2款规定，对涉诈异常情形采取限制、暂停服务等处置措施的，应当告知处置原因、救济渠道及需要提交的资料等事项，被处置对象可以向作出决定或者采取措施的部门、单位提出申诉。作出决定的部门、单位应当建立完善申诉渠道，及时受理申诉并核查，核查通过的，应当即时解除有关措施。

105 网络身份认证公共服务的作用是什么？

答：国家推进网络身份认证公共服务建设，支持个人、企业自愿使用，电信业务经营者、银行业金融机构、非银行支付机构、互联网服务提供者对存在涉诈异常的电话卡、银行账户、支付账户、互联网账号，可以通过国家网络身份认证公共服务对用户身份重新进行核验。

106 相关机关如何事前预警、事后救济电信网络诈骗案件的被害人？

答：公安机关应当会同金融、电信、网信部门组织银行业金融机构、非银行支付机构、电信业务经营者、互联网服务提供者等建立预警劝阻系统，对预警发现的潜在被害人，根据情况及时采取相应劝阻措施。对电信网络诈骗案件应当加强追赃挽损，完善涉案资金处置制度，及时返还被害人的合法财产。对遭受重大生活困难的被害人，符合国家有关救助条件的，有关方面依照规定给予救助。

107 对哪些地区可以采取必要的临时风险防范措施？

答：经国务院反电信网络诈骗工作机制决定或者批准，公安、金融、电信等部门对电信网络诈骗活动严重的特定地区，可以依照国家有关规定采取必要的临时风险防范措施。

108 前往电信网络诈骗活动严重地区的人员及因从事电信网络诈骗活动受过刑事处罚的人员的出境限制有哪些？

答：对前往电信网络诈骗活动严重地区的人员，出境活动存在重大涉电信网络诈骗活动嫌疑的，移民管理机构可以决定不准其出境。

因从事电信网络诈骗活动受过刑事处罚的人员，设区的市级以上公安机关可以根据犯罪情况和预防再犯罪的需要，决定自处罚完毕之日起 6 个月至 3 年以内不准其出境，并通知移民管理机构执行。

109 在打击遏制跨境电信网络诈骗活动方面，如何进行国际合作？

答：国务院公安部门等会同外交部门加强国际执法司法合作，与有关国家、地区、国际组织建立有效合作机制，通过开展国际警务合作等方式，提升在信息交流、调查取证、侦查抓捕、追赃挽损等方面的合作水平，有效打击遏制跨境电信网络诈骗活动。

110 国家在个人信息保护方面负有哪些职责？

答：国家建立健全个人信息保护制度，预防和惩治侵害个人信息权益的行为，加强个人信息保护宣传教育，推动形成政府、企业、相关社会组织、公众共同参与个人信息保护的良好环境。

111 在哪些情形下，个人信息处理者可以处理个人信息？

答：符合下列情形之一的，个人信息处理者方可处理个人信息：

（1）取得个人的同意；

（2）为订立、履行个人作为一方当事人的合同所必需，或者按照依法制定的劳动规章制度和依法签订的集体合同实施人力资源管理所必需；

（3）为履行法定职责或者法定义务所必需；

（4）为应对突发公共卫生事件，或者紧急情况下为保护自然人的生命健康和财产安全所必需；

（5）为公共利益实施新闻报道、舆论监督等行为，在合理的范围内处理个人信息；

（6）依照《中华人民共和国个人信息保护法》规定在合理的范围内处理个人自行公开或者其他已经合法公开的个人信息；

（7）法律、行政法规规定的其他情形。

依照有关规定，处理个人信息应当取得个人同意，但是有上述（2）至（7）规定情形的，不需取得个人同意。

112 个人信息处理者处理个人信息，应采取哪些确保个人信息安全的措施？

答：个人信息处理者应当根据个人信息的处理目的、处理方式、个人信息的种类以及对个人权益的影响、可能存在的安全风险等，采取下列措施确保个人信息处理活动符合法律、行政法规的规定，并防止未经授权的访问以及个人信息泄露、篡改、丢失：

（1）制定内部管理制度和操作规程；

（2）对个人信息实行分类管理；

（3）采取相应的加密、去标识化等安全技术措施；

（4）合理确定个人信息处理的操作权限，并定期对从业人员进行安全教育和培训；

（5）制定并组织实施个人信息安全事件应急预案；

（6）法律、行政法规规定的其他措施。

113 发生或者可能发生个人信息安全事件的，个人信息处理者应当如何做？

答：发生或者可能发生个人信息泄露、篡改、丢失的，个人信息处理者应当立即采取补救措施，并通知履行个人信息保护职责的部门和个人。通知应当包括下列事项：

（1）发生或者可能发生个人信息泄露、篡改、丢失的信息种类、原因和可能造成的危害；

（2）个人信息处理者采取的补救措施和个人可以采取的减轻危害的措施；

（3）个人信息处理者的联系方式。

个人信息处理者采取措施能够有效避免信息泄露、篡改、丢失造成危害的，个人信息处理者可以不通知个人；履行个人信息保护职责的部门认为可能造成危害的，有权要求个人信息处理者通知个人。

114 履行个人信息保护职责的部门有哪些？

答：国家网信部门负责统筹协调个人信息保护工作和相关监督管理工作。国务院有关部门依照《中华人民共和国个人信息保护法》和有关法律、行政法规的规定，在各自职责范围内负责个人信息保护和监督管理工作。

县级以上地方人民政府有关部门的个人信息保护和监督管理职责，按照国家有关规定确定。

上述规定的部门统称为履行个人信息保护职责的部门。

115 履行个人信息保护职责的部门在个人信息保护方面应履行哪些职责？

答：履行个人信息保护职责的部门履行下列个人信息保护职责：

（1）开展个人信息保护宣传教育，指导、监督个人信息处理者开展个人信息保护工作；

（2）接受、处理与个人信息保护有关的投诉、举报；

（3）组织对应用程序等个人信息保护情况进行测评，并公布测评结果；

（4）调查、处理违法个人信息处理活动；

（5）法律、行政法规规定的其他职责。

116 国家网信部门在个人信息保护方面应履行哪些职责？

答：国家网信部门统筹协调有关部门依据《中华人民共和国个人信息保护法》推进下列个人信息保护工作：

（1）制定个人信息保护具体规则、标准；

（2）针对小型个人信息处理者、处理敏感个人信息以及人脸识别、人工智能等新技术、新应用，制定专门的个人信息保护规则、标准；

（3）支持研究开发和推广应用安全、方便的电子身份认证技术，推进网络身份认证公共服务建设；

（4）推进个人信息保护社会化服务体系建设，支持有关机构开展个人信息保护评估、认证服务；

（5）完善个人信息保护投诉、举报工作机制。

117 履行个人信息保护职责的部门履行个人信息保护职责，可以采取哪些措施？

答：履行个人信息保护职责的部门履行个人信息保护职责，可以采取下列措施：

（1）询问有关当事人，调查与个人信息处理活动有关的情况；

（2）查阅、复制当事人与个人信息处理活动有关的合同、记录、账簿以及其他有关资料；

（3）实施现场检查，对涉嫌违法的个人信息处理活动进行调查；

（4）检查与个人信息处理活动有关的设备、物品；对有证据证明是用于违法个人信息处理活动的设备、物品，向本部门主要负责人书面报告并经批准，可以查封或者扣押。

履行个人信息保护职责的部门依法履行职责，当事人应当予以协助、配合，不得拒绝、阻挠。

118 履行个人信息保护职责的部门在履行职责中，发现个人信息处理活动存在较大风险或者发生个人信息安全事件的，应当如何处理？

答：履行个人信息保护职责的部门在履行职责中，发现个人信息处理活动存在较大风险或者发生个人信息安全事件的，可以按照规定的权限和程序对该个人信息处理者的法定代表人或者主要负责人进行约谈，或者要求个人信息处理者委托专业机构对其个人信息处理活动进行合规审计。个人信息处理者应当按照要求采取措施，进行整改，消除隐患。

119 履行个人信息保护职责的部门在履行职责中，发现违法处理个人信息涉嫌犯罪的，应当如何处理？

答：履行个人信息保护职责的部门在履行职责中，发现违法处理个人信息涉嫌犯罪的，应当及时移送公安机关依法处理。

法律责任

120 对组织、策划、实施、参与电信网络诈骗活动，或者为电信网络诈骗活动提供帮助的行为，如何处罚？

答：组织、策划、实施、参与电信网络诈骗活动，或者为电信网络诈骗活动提供帮助，构成犯罪的，依法追究刑事责任。

上述行为尚不构成犯罪的，由公安机关处10日以上15日以下拘留；没收违法所得，处违法所得1倍以上10倍以下罚款，没有违法所得或者违法所得不足1万元的，处10万元以下罚款。

121 对未落实反电信网络诈骗内部控制机制的电信业务经营者，如何处罚？

答：由有关主管部门责令改正，情节较轻的，给予警告、通报批评，或者处5万元以上50万元以下罚款；情节严重的，处50万元以上500万元以下罚款，并可以由有关主管部门责令暂停相关业务、停业整顿、吊销相关业务许可证或者吊销营业执照，对其直接负责的主管人员和其他直接责任人员，处 1 万元以上 20 万元以下罚款。

122 对未履行电话卡、物联网卡实名制登记职责的电信业务经营者，如何处罚？

答： 由有关主管部门责令改正，情节较轻的，给予警告、通报批评，或者处 5 万元以上 50 万元以下罚款；情节严重的，处 50 万元以上 500 万元以下罚款，并可以由有关主管部门责令暂停相关业务、停业整顿、吊销相关业务许可证或者吊销营业执照，对其直接负责的主管人员和其他直接责任人员，处 1 万元以上 20 万元以下罚款。

123 对未履行对电话卡、物联网卡的监测识别、监测预警和相关处置职责的电信业务经营者，如何处罚？

答： 由有关主管部门责令改正，情节较轻的，给予警告、通报批评，或者处 5 万元以上 50 万元以下罚款；情节严重的，处 50 万元以上 500 万元以下罚款，并可以由有关主管部门责令暂停相关业务、停业整顿、吊销相关业务许可证或者吊销营业执照，对其直接负责的主管人员和其他直接责任人员，处 1 万元以上 20 万元以下罚款。

124 对未对物联网卡用户进行风险评估，或者未限定物联网卡的开通功能、使用场景和适用设备的电信业务经营者，如何处罚？

答：由有关主管部门责令改正，情节较轻的，给予警告、通报批评，或者处 5 万元以上 50 万元以下罚款；情节严重的，处 50 万元以上 500 万元以下罚款，并可以由有关主管部门责令暂停相关业务、停业整顿、吊销相关业务许可证或者吊销营业执照，对其直接负责的主管人员和其他直接责任人员，处 1 万元以上 20 万元以下罚款。

125 对未采取措施对改号电话、虚假主叫或者具有相应功能的非法设备进行监测处置的电信业务经营者，如何处罚？

答：由有关主管部门责令改正，情节较轻的，给予警告、通报批评，或者处 5 万元以上 50 万元以下罚款；情节严重的，处 50 万元以上 500 万元以下罚款，并可以由有关主管部门责令暂停相关业务、停业整顿、吊销相关业务许可证或者吊销营业执照，对其直接负责的主管人员和其他直接责任人员，处 1 万元以上 20 万元以下罚款。

126 对未落实反电信网络诈骗内部控制机制的银行业金融机构、非银行支付机构，如何处罚？

答：由有关主管部门责令改正，情节较轻的，给予警告、通报批评，或者处 5 万元以上 50 万元以下罚款；情节严重的，处 50 万元以上 500 万元以下罚款，并可以由有关主管部门责令停止新增业务、缩减业务类型或者业务范围、暂停相关业务、停业整顿、吊销相关业务许可证或者吊销营业执照，对其直接负责的主管人员和其他直接责任人员，处 1 万元以上 20 万元以下罚款。

127 对未履行尽职调查义务和有关风险管理措施的银行业金融机构、非银行支付机构，如何处罚？

答：由有关主管部门责令改正，情节较轻的，给予警告、通报批评，或者处 5 万元以上 50 万元以下罚款；情节严重的，处 50 万元以上 500 万元以下罚款，并可以由有关主管部门责令停止新增业务、缩减业务类型或者业务范围、暂停相关业务、停业整顿、吊销相关业务许可证或者吊销营业执照，对其直接负责的主管人员和其他直接责任人员，处 1 万元以上 20 万元以下罚款。

128 对未履行对异常账户、可疑交易的风险监测和相关处置义务的银行业金融机构、非银行支付机构，如何处罚？

答：由有关主管部门责令改正，情节较轻的，给予警告、通报批评，或者处 5 万元以上 50 万元以下罚款；情节严重的，处 50 万元以上 500 万元以下罚款，并可以由有关主管部门责令停止新增业务、缩减业务类型或者业务范围、暂停相关业务、停业整顿、吊销相关业务许可证或者吊销营业执照，对其直接负责的主管人员和其他直接责任人员，处 1 万元以上 20 万元以下罚款。

129 对未按照规定完整、准确传输有关交易信息的银行业金融机构、非银行支付机构，如何处罚？

答：由有关主管部门责令改正，情节较轻的，给予警告、通报批评，或者处 5 万元以上 50 万元以下罚款；情节严重的，处 50 万元以上 500 万元以下罚款，并可以由有关主管部门责令停止新增业务、缩减业务类型或者业务范围、暂停相关业务、停业整顿、吊销相关业务许可证或者吊销营业执照，对其直接负责的主管人员和其他直接责任人员，处 1 万元以上 20 万元以下罚款。

130 对未落实反电信网络诈骗内部控制机制的电信业务经营者、互联网服务提供者，如何处罚？

答：由有关主管部门责令改正，情节较轻的，给予警告、通报批评，或者处 5 万元以上 50 万元以下罚款；情节严重的，处 50 万元以上 500 万元以下罚款，并可以由有关主管部门门责令暂停相关业务、停业整顿、关闭网站或者应用程序、吊销相关业务许可证或者吊销营业执照，对其直接负责的主管人员和其他直接责任人员，处 1 万元以上 20 万元以下罚款。

131 对未履行网络服务实名制职责，或者未对涉案、涉诈电话卡关联注册互联网账号进行核验的电信业务经营者、互联网服务提供者，如何处罚？

答：由有关主管部门责令改正，情节较轻的，给予警告、通报批评，或者处 5 万元以上 50 万元以下罚款；情节严重的，处 50 万元以上 500 万元以下罚款，并可以由有关主管部门责令暂停相关业务、停业整顿、关闭网站或者应用程序、吊销相关业务许可证或者吊销营业执照，对其直接负责的主管人员和其他直接责任人员，处 1 万元以上 20 万元以下罚款。

132 对未按照国家有关规定，核验域名注册、解析信息和互联网协议地址的真实性、准确性，规范域名跳转，或者记录并留存所提供相应服务的日志信息的电信业务经营者、互联网服务提供者，如何处罚？

答：由有关主管部门责令改正，情节较轻的，给予警告、通报批评，或者处 5 万元以上 50 万元以下罚款；情节严重的，处 50 万元以上 500 万元以下罚款，并可以由有关主管部门责令暂停相关业务、停业整顿、关闭网站或者应用程序、吊销相关业务许可证或者吊销营业执照，对其直接负责的主管人员和其他直接责任人员，处 1 万元以上 20 万元以下罚款。

133 对未登记核验移动互联网应用程序开发运营者的真实身份信息或者未核验应用程序的功能、用途，为其提供应用程序封装、分发服务的电信业务经营者、互联网服务提供者，如何处罚？

答：由有关主管部门责令改正，情节较轻的，给予警告、通报批评，或者处 5 万元以上 50 万元以下罚款；情节严重的，处 50 万元以上 500 万元以下罚款，并可以由有关主管部门责令暂停相关业务、停业整顿、关闭网站或者应用程序、吊销相关业务许可证或者吊销营业执照，对其直接负责的主管人员和其他直接责任人员，处 1 万元以上 20 万元以下罚款。

134 对未履行对涉诈互联网账号和应用程序以及其他电信网络诈骗信息、活动的监测识别和处置义务的电信业务经营者、互联网服务提供者，如何处罚？

答：由有关主管部门责令改正，情节较轻的，给予警告、通报批评，或者处5万元以上50万元以下罚款；情节严重的，处50万元以上500万元以下罚款，并可以由有关主管部门责令暂停相关业务、停业整顿、关闭网站或者应用程序、吊销相关业务许可证或者吊销营业执照，对其直接负责的主管人员和其他直接责任人员，处1万元以上20万元以下罚款。

135 对拒不依法为查处电信网络诈骗犯罪提供技术支持和协助，或者未按规定移送有关违法犯罪线索、风险信息的电信业务经营者、互联网服务提供者，如何处罚？

答：由有关主管部门责令改正，情节较轻的，给予警告、通报批评，或者处5万元以上50万元以下罚款；情节严重的，处50万元以上500万元以下罚款，并可以由有关主管部门责令暂停相关业务、停业整顿、关闭网站或者应用程序、吊销相关业务许可证或者吊销营业执照，对其直接负责的主管人员和其他直接责任人员，处1万元以上20万元以下罚款。

136 非法制造、买卖、提供或者使用用于电信网络诈骗的设备、软件的，或者为他人实施电信网络诈骗活动提供支持、帮助的，如何处罚？

答：违反《中华人民共和国反电信网络诈骗法》第14

条、第 25 条第 1 款规定，非法制造、买卖、提供或者使用用于电信网络诈骗的设备、软件的，或者为他人实施电信网络诈骗活动提供支持、帮助的，没收违法所得，由公安机关或者有关主管部门处违法所得 1 倍以上 10 倍以下罚款，没有违法所得或者违法所得不足 5 万元的，处 50 万元以下罚款；情节严重的，由公安机关并处 15 日以下拘留。

137 对未依照国家有关规定，履行合理注意义务，对利用相关业务从事涉诈支持、帮助活动进行监测识别和处置的电信业务经营者、互联网服务提供者，如何处罚？

答：对于违反《中华人民共和国反电信网络诈骗法》第 25 条第 2 款规定，未依照国家有关规定，履行合理注意义务，对利用相关业务从事涉诈支持、帮助活动进行监测识别和处置的电信业务经营者、互联网服务提供者，由有关主管部门责令改正，情节较轻的，给予警告、通报批评，或者处 5 万元以上 50 万元以下罚款；情节严重的，处 50 万元以上 500 万元以下罚款，并可以由有关主管部门责令暂停相关业务、停业整顿、关闭网站或者应用程序，对其直接负责的主管人员和其他直接责任人员，处 1 万元以上 20 万元以下罚款。

138 对非法买卖、出租、出借电话卡、物联网卡、电信线路、短信端口、银行账户、支付账户、互联网账号等，提供实名核验帮助，假冒他人身份或者虚构代理关系开立上述卡、账户、账号等行为，如何处罚？

答：没收违法所得，由公安机关处违法所得 1 倍以上 10 倍以下罚款，没有违法所得或者违法所得不足 2 万元的，处 20 万元以下罚款；情节严重的，并处 15 日以下拘留。

139 对反电信网络诈骗工作有关部门、单位的工作人员滥用职权、玩忽职守、徇私舞弊，或者有其他违反《中华人民共和国反电信网络诈骗法》的行为，构成犯罪的，如何处罚？

答：反电信网络诈骗工作有关部门、单位的工作人员滥用职权、玩忽职守、徇私舞弊，或者有其他违反《中华人民共和国反电信网络诈骗法》规定行为，构成犯罪的，依法追究刑事责任。

140 在什么情况下，人民检察院在履行反电信网络诈骗职责中，可以提起公益诉讼？

答：人民检察院在履行反电信网络诈骗职责中，对于侵害国家利益和社会公共利益的行为，可以依法向人民法院提起公益诉讼。

141 有关单位和个人对依照《中华人民共和国反电信网络诈骗法》所作出的行政处罚和行政强制措施决定不服的，可以采取什么救济措施？

答：有关单位和个人对依照《中华人民共和国反电信网络诈骗法》作出的行政处罚和行政强制措施决定不服的，可以依法申请行政复议或者提起行政诉讼。

142 《中华人民共和国刑法》对破坏计算机信息系统罪是如何规定的？

答：《中华人民共和国刑法》第 286 条第 1 款规定，违反国家规定，对计算机信息系统功能进行删除、修改、增加、干扰，造成计算机信息系统不能正常运行，后果严重的，处 5 年以下有期徒刑或者拘役；后果特别严重的，处 5 年以上有期徒刑。

违反国家规定，对计算机信息系统中存储、处理或者传输的数据和应用程序进行删除、修改、增加的操作，后果严重的，依照《中华人民共和国刑法》第 286 条第 1 款的规定处罚。

故意制作、传播计算机病毒等破坏性程序，影响计算机系统正常运行，后果严重的，依照《中华人民共和国刑法》

第 286 条第 1 款的规定处罚。

单位犯上述罪的，对单位判处罚金，并对其直接负责的主管人员和其他直接责任人员，依照《中华人民共和国刑法》第 286 条第 1 款的规定处罚。

143 《中华人民共和国刑法》对拒不履行信息网络安全管理义务罪是如何规定的？

答：《中华人民共和国刑法》第 286 条之一第 1 款规定，网络服务提供者不履行法律、行政法规规定的信息网络安全管理义务，经监管部门责令采取改正措施而拒不改正，有下列情形之一的，处 3 年以下有期徒刑、拘役或者管制，并处或者单处罚金：

（1）致使违法信息大量传播的；

（2）致使用户信息泄露，造成严重后果的；

（3）致使刑事案件证据灭失，情节严重的；

（4）有其他严重情节的。

单位犯《中华人民共和国刑法》第 286 条之一第 1 款规定的罪的，对单位判处罚金，并对其直接负责的主管人员和其他直接责任人员，依照《中华人民共和国刑法》第 286 条之一第 1 款的规定处罚。

有上述行为，同时构成其他犯罪的，依照处罚较重的规定定罪处罚。

144 《中华人民共和国刑法》对非法利用信息网络罪是如何规定的?

答:《中华人民共和国刑法》第 287 条之一第 1 款规定，利用信息网络实施下列行为之一，情节严重的，处 3 年以下有期徒刑或者拘役，并处或者单处罚金:

(1) 设立用于实施诈骗、传授犯罪方法、制作或者销售违禁物品、管制物品等违法犯罪活动的网站、通讯群组的;

(2) 发布有关制作或者销售毒品、枪支、淫秽物品等违禁物品、管制物品或者其他违法犯罪信息的;

(3) 为实施诈骗等违法犯罪活动发布信息的。

单位犯《中华人民共和国刑法》第 287 条之一第 1 款规定的罪的，对单位判处罚金，并对其直接负责的主管人员和其他直接责任人员，依照《中华人民共和国刑法》第 287 条之一第 1 款的规定处罚。

有上述行为，同时构成其他犯罪的，依照处罚较重的规定定罪处罚。

145 《中华人民共和国刑法》对帮助信息网络犯罪活动罪是如何规定的?

答:《中华人民共和国刑法》第 287 条之二第 1 款规定，明知他人利用信息网络实施犯罪，为其犯罪提供互联网接入、服务器托管、网络存储、通讯传输等技术支持，或者提供广告推广、支付结算等帮助，情节严重的，处 3 年以下有期徒刑或者拘役，并处或者单处罚金。

单位犯《中华人民共和国刑法》第 287 条之二第 1 款规定的罪的，对单位判处罚金，并对其直接负责的主管人员和其他直接责任人员，依照《中华人民共和国刑法》第 287 条之二第 1 款的规定处罚。

有上述行为，同时构成其他犯罪的，依照处罚较重的规定定罪处罚。

附　则

146 反电信网络诈骗工作涉及的有关管理和责任制度，《中华人民共和国反电信网络诈骗法》没有规定的，适用哪些法律？

答：反电信网络诈骗工作涉及的有关管理和责任制度，《中华人民共和国反电信网络诈骗法》没有规定的，适用《中华人民共和国网络安全法》《中华人民共和国个人信息保护法》《中华人民共和国反洗钱法》等相关法律规定。

147 《中华人民共和国反电信网络诈骗法》何时开始施行？

答：《中华人民共和国反电信网络诈骗法》自 2022 年 12 月 1 日起施行。

反诈攻略

公安部详解常见电信网络诈骗手法[①]

1. 利用微信、QQ 冒充好友实施诈骗

案例

2014 年 5 月 8 日 14 时许，居民黄某婷到金坛市局城东派出所报案称，有人冒充其 QQ 好友骗取其汇款 6000 元。经初步调查：5 月 7 日 15 时至 5 月 8 日 14 时，犯罪嫌疑人利用 QQ 聊天软件冒充受害人堂哥黄某斌，在与受害人聊天取得信任后，以借用其名义方便要钱为由索要受害人银行账号，提供虚假网上银行汇款截图，诱骗受害人将 6000 元现金汇入指定账户。后受害人电话联系其堂哥发现被骗。

| 揭秘 |

犯罪分子通常采用发送信息、文件、压缩包、网址等方式向他人电脑或手机植入木马病毒，查看所盗微信、QQ 账号的备注信息、聊天记录或视频来了解其人际关系、交谈方式、生活习惯等情况，提高诈骗成功率。

微信、QQ 好友大多是亲戚、同事、朋友，相互间信任度极高。而犯罪分子隐蔽在网络背后，容易让受害人一时不

① 公安部刑侦局：《权威发布：公安部详解 36 种常见诈骗手法》，载“国家反诈中心”App2021 年 3 月 1 日，https：//oss. gjfzpt. cn/preventfraud-static/h5/news/20210301/2022010716161537061569619599937. html？ rd = 797944&nodeId = 110102。略有删改。

能辨别真伪。

| 提醒 |

所以，大家务必不要轻易点击来历不明的文件，以防遭受木马攻击，导致 QQ 号被盗。在与 QQ 好友聊天中涉及借款、汇款问题时，要设法核实对方身份，与其电话联系，确定身份真实后再做决定。如果自己的 QQ 号被盗，也要及时通知亲朋好友，防止他人上当受骗。

2. 利用微信、QQ 冒充公司老总诈骗

案例

李芸（化名）是一家贸易公司的出纳。某天李芸上班时，收到公司总经理吴某的 QQ 消息，说公司需要 88 万元资金周转。这事需要董事长张某同意。巧的是，张某的 QQ 在这时也亮了，说同意汇出这笔钱，还发过来一个叫“王涛”的个人银行账户。李芸并没怀疑，老板那种不容置疑的语气她再熟悉不过了。

既然董事长和总经理都同意了，李芸用网银从公司账户上转出了 88 万元至“王涛”的个人银行账户。一个半小时后，吴经理又发来信息说再打一笔 94 万元，汇至一个叫“周伟”的个人银行账户，李芸照办了。到了下午，吴经理找李芸谈业务，当李芸提起资金时，吴经理说毫不知情。向董事长求证后，李芸才发现自己被骗了。

| 揭秘 |

犯罪分子伪装成某公司财务，进入财务人员微信、QQ

群，群发内含木马病毒的文件，诱使群内财务人员点击，植入木马病毒并盗取他们的微信、QQ 账号。

随后，犯罪分子根据盗取账号中的身份备注、聊天记录等内容，找出这名财务人员所在公司的老总，再把自己微信、QQ 账号的昵称、头像和照片等换成和公司老总的完全一样，冒充公司老总向财务人员发送转账汇款指令。

| 提醒 |

这类诈骗数额通常较大，被骗上百万元甚至上千万元的案件时有发生。有些企事业单位业务量大，财务人员每天需处理的转账汇款非常多，对公司老总的信任度、服从度较高，这使当事人一时不能辨别真假，极易上当受骗。

警方提醒，财务人员汇款之前一定要通过电话或者面对面的方式确认对方的身份。同时，一定要保护好自己的账号，设置较为复杂的 QQ 密码且经常更换。万一发现被骗，一定要和骗子抢时间，立即报警，同时以多次输错密码的方式冻结骗子账户的网上银行功能。

3. 通过微信来冒充公司老总作案

案例

45 岁的李女士是武汉市一家私营汽车公司的会计。一天，公司“总经理”添加她为微信好友，并将她拉进一个微信工作群。群成员共 8 人，其中 6 人是公司领导和同事，他们的微信名称、头像看起来毫无可疑之处。

在新微信群，“董事长”与“总经理”聊得火热，内容涉及江苏的一桩生意；其他“同事”不时插话，汇报“工作情况”。几分钟后，“董事长”点名李女士说：我在开会，不方便打电话，你代我联系江苏的“蒋总”，问一下昨天谈好的合同保证金打过来没有。并留下联系电话。

李女士依言拨打“蒋总”的电话，“蒋总”在电话里说正在安排转账，但需要将“合同”寄过去。过了一会儿，“董事长”在群里贴出一张85万元的电子汇款单，并告诉李女士：“蒋总”把款打到我的私人账户了，晚一点我把款转回公司账户。

随后“董事长”再次点名李女士，称这笔生意出了点问题，需要将款项先退回蒋总。李女士立即按照这名“蒋总”先前汇款的电子单据及金额进行转账汇款操作。

当日下午4时40分许，李女士走出办公室，发现董事长正在隔壁办公室办公。李女士恍然大悟，立即上前询问，才发现之前的一切都是一群骗子在演戏。

| 揭秘 |

犯罪分子通过非法手段首先获取公司通讯录，掌握公司内部人员架构情况，修改微信昵称和头像图片伪装成公司老总，随后添加财务人员微信，发送转账汇款指令。

由于不少公司利用微信群来协调工作，甚至有的骗子在伪装成公司老总后，还会用多个账号伪装成该公司内部人员。随后将财务人员拉入这个所谓的“工作群”，让财务人员对此深信不疑。

| 提醒 |

这类诈骗专门针对企事业单位财务人员，被骗上百万元、上千万元的案件时有发生，危害非常大。尤其是由骗子伪装的“公司工作群”诈骗方式迷惑性极强，当事人看见有众多公司内部人员在群内，加上这些伪装的“同事”正在一本正经地聊工作，让人一时无法辨别真伪，极易上当受骗。警方提醒，财务人员汇款之前一定要通过电话或者面对面的方式，确认对方及发出汇款指令的领导的真实身份。

4. 犯罪分子假冒代购诈骗

案例

春节之前，北京市民张先生通过微信向一出售手钏的商家汇款 1000 元。“马上要过节了，我想给老人买个手钏，谁知道刚打过钱去就被商家拉黑了。”张先生说，卖家是他在逛文玩市场时认识的。“我们两个互加微信，他经常在微信朋友圈里发手钏照片，价格都不便宜。”就在前两天，该卖家在朋友圈里晒出一些节日特价的手钏，让张先生很动心。“原本是 2600 元的手钏，节日特价才 1000 元，我挑了一个雕刻花纹的手钏。他说先交款再发货，还说这是微信商家交易规则。我就给他的支付宝付了款。谁知在我告诉他钱已到账后，他马上就把我拉黑了。我怎么联系都不回复我。”此时张先生才意识到除了微信，自己对这个卖家一无所知，更没有其他联系方式，“我肯定是被人骗了，反应过来之后才报了警”。

| 揭秘 |

这些犯罪分子会在微信朋友圈假冒正规的微商，以优惠、打折、海外代购等为诱饵，在买家付款之后，又以“商品被海关扣下，要加缴关税”等为由要求加付款项，一旦获取购物款则失去联系。

| 提醒 |

微信代购诈骗有以下特点：首先，商家自我伪装。为了让消费者感觉代购品的真实性，在朋友圈里转发一些采购、发货的文图信息，比如采购员在国外折扣店逛店的照片，各种服饰包包的现场图片，时不时发布一些地铁人多、海关有问题之类的说法，将本人生活化。其实，这些图片很多都是从网上下载的，并不可信。有的商家还会把自己的地址改为国外某个地点，然后关闭定位功能，让消费者搞不清其确切地址。

其次，还有一些商家伪造售后图片。发货和售后过程也会上传照片，比如一大堆发往国内的快递单，快递公司发货的场面等；还定期发布客户反馈和好评的截屏。其实这些都是假的。

警方提醒，大家不要轻信微信商家所谓的“低价”“促销”，在未收到货物前，不要轻易打款，以防上当；如果被骗，立即报警求助。此外，如果发现微信上有任何销售假冒伪劣商品等不法行为，要通过微信公众平台和朋友圈的举报和投诉功能进行检举，让微信管理方对违法账号进行处理。

5. 犯罪分子利用 QQ、微信伪装身份诈骗

案例

2014 年到 2015 年年底，犯罪嫌疑人曹某虚构身份信息，

用多部手机作为通讯工具，通过QQ、微信等方式，以获取财物为目的结识朋友，通过和多名被害人“谈恋爱”的方式，从多名被害人处获取现金总计114500多元，获取两部手机价值3587元。在进行网上交友实施诈骗过程中，犯罪嫌疑人曹某虚构了多个虚假身份，在网上和被害人结识。2014年5月，曹某谎称自己叫韩安娜，在电视台上班，在与被害人姚某“谈恋爱”期间从姚某处获得钱款3万多元和手机1部。2015年6月，曹某虚构了刘羽琦的身份，与被害人刘某“谈恋爱”，从刘某处获得钱款两万多元。2015年8月，曹某虚构了韩静的身份，和被害人周某某“谈恋爱”，从周某某处获得钱款1.5万元、手机费368元。2015年9月，曹某又自称韩静，在某电视台上班，与被害人周某结识，从周某处骗得钱款8000多元。1年多的时间里，曹某多次虚构身份，与多名被害人交往，累计从被害人处获得现金11万多元，获取财物价值3500多元。2015年12月，四川省雅安市天全县公安局对曹某立案侦查，并将其拘传到案。

| 揭秘 |

有时候，我们的QQ、微信会收到陌生人发来的添加好友请求，这些陌生人往往头像颜值非常高。然而这些微信、QQ的背后，常常隐藏着电信诈骗的圈套。犯罪分子会利用QQ、微信“附近的人”的功能查看周围朋友情况，伪装成“高富帅”或“白富美”，先添加好友骗取感情和信任，随即以资金紧张、家人有难等各种理由骗取钱财。

| 提醒 |

如何预防此类诈骗呢？警方提醒，广大网友，无论是男性还是女性，在使用微信等聊天交友软件时，应保持警惕，要保护好个人信息，不能向陌生人透露，拒绝对方以各种理由提出的借钱要求，因为这样的借钱往往有借无还。

6. 微信发布虚假爱心传递诈骗

案例

2015 年 6 月 3 日，浙江省东阳市广播电视台在微信平台上发布了一条帮助尿毒症患者的视频链接。5 日，汽修工栗某看到微信后，抱着帮助患者的心态在微信群里进行了转发。不少网友看了该视频后都向栗某打听汇款方式，于是栗某就动起了歪念。他自称广电台栗主任，在一些微信群里发布了自己的银行账号。此后，一名网友通过微信红包的形式汇给他 25 元。

为了骗取更多网友的信任，栗某用另一个手机号码注册了微信，并把微信头像和昵称改成了一名主持人，以这名主持人的名义在微信群里发布统一捐款账号。栗某曾经参加过一档方言剧的海选，被冒名的主持人和栗某都在方言剧的微信群里。收到栗某群发的诈骗信息，该主持人通过微信与栗某进行了联系。起初，栗某矢口否认，之后才予以默认。

2015 年 6 月 8 日，该主持人向江北派出所报了案，当天，警方将栗某抓获，并处以行政拘留。

| 揭秘 |

犯罪分子将伪造的寻人、扶困帖子以“爱心传递”的方式发布在朋友圈，引起善良网民转发。一旦有网友出于好心汇款，钱就到了骗子的账户。

| 提醒 |

警方提醒，遇到这类爱心传递的微信，正确的态度是保持警惕，设法核实，不要轻易传播未经核实的信息，更不要轻易向未经核实的账户汇款。如果向遇到地震等自然灾害的地区捐助，应当通过正规的渠道，向灾区、受灾群众捐款捐物。

7. 微信点赞诈骗

案例

2016 年 1 月，浙江苍南的陈女士的朋友圈被当地一家影楼的集赞活动刷屏了。消息说，转发影楼活动到朋友圈，集 38 个赞就能免费拍照，并领取 1 台多功能料理机。陈女士从朋友处获悉，这家影楼已经经营了三四年，多人领到多功能料理机，于是陈女士也加入了集赞大军。

1 月 18 日，集齐 38 个赞的陈女士前往影楼预约拍照。但是影楼的员工跟她说，1 月 20 日之后才可以预约，而且要交 300 元的押金，押金将在拍照后退还。陈女士质疑为什么要交押金。对方说，影楼担心活动推出之后一些参与者光拍照不取片，照片积压不好处理，所以要收取押金，等领完照片后马上退还押金。

1 月 20 日，陈女士致电影楼被告知预约已经排满，让她以后再约。2 月 21 日，陈女士在朋友圈看到有人说，影楼已经关门，便前往影楼，发现影楼人去楼空，此后，陈女士听说有几百人受骗，于是报了警。

| 揭秘 |

犯罪分子冒充商家发布“点赞有奖”信息，要求参与者将姓名、电话等个人资料发至微信平台，一旦商家套取完足够的个人信息后，即以“手续费”“公证费”“保证金”等形式实施诈骗。如果消费者贪图这些小便宜，往往一步一步陷入骗局。

| 提醒 |

这类诈骗犯罪，犯罪分子往往利用部分人贪小便宜的心理，一步一步诱使消费者透露自己的个人信息，进而以各种名目骗取钱财。

警方提醒，天上不会掉馅饼，大家应该对这些微信促销信息保持警惕，一旦发现可疑之处立即报警或向微信平台进行举报。希望大家提高自己的辨识能力，不轻易传播未经核实的信息。

8. 网上商城刷信誉诈骗

案例

2015年10月10日，刚从大学毕业的小龚在微博上看到一条兼职信息，要求很简单——只要会上网即可，条件却很诱人——时间可以自由安排，一天有200~500元的收益。一心想着赚点外快的小龚，试着加了微博上发的QQ号。客服很快发过来了工作流程表和项目申请表。小龚按要求填写了表格，并给对方发了过去。

这份兼职的工作是网上商城刷信誉，就是兼职人员通过客服发送的指定链接，按照要求在商城购买商品，付款之后，商城并不会真正把货物发出，而是将货款跟佣金返还给兼职人员。练手时，小龚在网上商城拍了1只包，支付120元，很快自己银行卡里就收到了125元。轻轻松松，小龚赚了5元。

正式刷单，买的并不是商品，而是游戏点卡。刷完第一单，小龚发现货款并没有像练手时那样打回到自己的银行卡上，她警惕地赶紧询问客服。客服解释，要刷完10单才能将本金跟佣金一并返还。刷到第九单时，小龚发现，这笔订单的金额突然由600元增加到了1800元。她又有点疑心。客服解释，单子的链接都是系统自动生成的，按要求操作就行了。

就这样，小龚又按要求支付了很多单，但迟迟没有收到汇款信息。这时的小龚，几乎已经刷单红了眼。她自己没钱，就以各种理由借钱，接着按照客服的要求多次操作付款，直到下午4点，小龚一共被骗了将近70万元。她又气又急，冷静下来，才知道自己被骗了，赶紧报了警。

| 揭秘 |

犯罪分子号称“诚招网络兼职，帮助网上商城卖家刷信誉，可从中赚取佣金”，受害人信以为真，遂按照对方要求多次购物刷信誉，最后发现上当受骗。

| 提醒 |

此类诈骗犯罪分子会在网上发布招聘兼职刷网上商城信誉的虚假信息。其实，在网上商城，“刷信誉”等虚假交易行为本身已被明令禁止，并非正当兼职。一旦有人上当，犯罪分子会要求受害人虚假购买指定商户的产品或指定商城的虚拟点卡，前期会向受害人返还小利，一旦取得受害人信任，会要求受害人继续刷大单，从而实施诈骗。

警方提醒，这类诈骗受害者众多，大家对于此类所谓兼职，一定要提高警惕，谨防上当。

9. 犯罪分子虚构色情服务诈骗

案例

2016 年 5 月的一个晚上，南京某高校大学生小胡来到派出所报警，称自己被骗走 6300 元。而被骗的原因，小胡难以启齿，原来是他想通过网络寻找色情服务。

| 揭秘 |

犯罪分子伪装成色情服务的提供者，诱使受害人上钩，并利用被害人羞于启齿的心理，一步一步实施诈骗。犯罪分子在互联网上留下提供色情服务的电话，待受害人与之联系后，称需先付款才能上门提供服务。受害人将钱打到指定账户后发现被骗。

| 提醒 |

此类犯罪主要是利用受害人羞于启齿不敢报案的心理实施诈骗。诈骗分子先是上网下载性感照片，然后利用社交软件寻找受害人，向受害人发送色情图片，以明码标价、上门服务等方式诱使受害人上当，随后巧立名目，多次要求汇款，实施诈骗。

10. 虚构遇险诈骗

案例

2008年8月9日9时许，受害人宋某正在家里等儿子放学回家。突然手机上接到一个陌生电话，对方自称是交警，说宋某的儿子在回家的路上翻车受伤了，情况危急，需要马上手术。孩子的手术还没开始，因为要急等着1万元手术费到账。就这样，心急如焚的宋某不由分说，立刻将6000元汇到嫌疑人指定的账户上。当宋某汇款完成后，再次拨通电话想了解儿子“手术情况”时，电话再也无法接通。宋某突然醒悟过来，赶紧联系自己的儿子，才知道自己已经上当受骗。

| 揭秘 |

犯罪分子往往会虚构受害人亲属或朋友遭遇车祸、坠楼、触电、突发疾病等危急情况需要马上治疗等情形，要求对方转账汇款。当事人因情况紧急，不知所措，便往往按照嫌疑人的指示将钱款打入指定账户后被骗。

| 提醒 |

该类案件的特点是犯罪分子首先购买受害人的公民个人信息，熟悉受害人的相关情况，利用受害人急于救治亲人的心理实施诈骗。

警方提醒，首先，在日常生活中应该增强个人信息的保护意识，最大限度防止个人信息泄露。其次，遇到此类诈骗应该沉着冷静，第一时间拨打亲属、朋友的电话进行核实。

如电话第一时间未接通，也不要过于着急，要设法再与其他相关人员联系了解情况，确认是否属实。

11. 虚构中奖诈骗

案例

2月，安徽的王女士接到一条手机短信，内容为“恭喜你，你被选为淘宝十二周年庆典用户，中奖详情请及时至短信中所附带的网页查询领取，你的验证码为8089”。收到这条短信后，王女士十分高兴，虽然自己没参加什么抽奖活动，但是天上掉下来的馅饼干吗不捡？于是王女士信以为真，立刻点击对方提供的网址进入领奖环节。

对方提供的网页制作非常精美，和淘宝官方网站几乎没什么差别。输入“验证码”，网页果然显示出了中奖信息，称王女士为二等奖幸运用户，获得淘宝送出的梦想创业基金16万元，及价值13500元的联想笔记本电脑1台。但是，当王女士点击进入领取奖励的界面时，网页上又显示，领取奖品的前提是，事先支付6000元的保险费和包装费。

跟这个大奖相比，这点儿保险费和包装费又算啥？王女士抱着这样的心态，通过手机银行向对方提供的银行账户转入6000元。汇款后，王女士打电话联系上了客服人员。对方要求交20%的税款，即32000元。

就这样，王女士再次通过手机银行给对方汇款10000元。但是对方继续向王女士要钱，当王女士准备继续汇款时，她的家人发现了异常，立刻提醒她查询真正的官方网站，王女士才发现自己被骗。

| 揭秘 |

犯罪分子利用伪基站或者互联网的软件群发虚假中奖信息或邮件，受害人一旦联系兑奖，犯罪分子就以“个人所得税”“公证费”“转账手续费”“滞纳金”“违约金”等各种名目要求受害人汇钱，实施诈骗。

| 提醒 |

中奖类诈骗主要通过信息群发，对受害者实施诈骗。犯罪分子假冒电视栏目或者机构的名义，通过信息群发的方式发送虚假中奖信息。一旦有人点击信息里的网页链接，输入自己的个人信息，或者拨打所谓的客服电话就会被骗。

这些犯罪分子经常还留有“后手”：如受害者没有联系这些骗子，这些骗子就会冒充公检法人员威胁受害者，以“如果你不领奖就要缴纳‘滞纳金’、要被追究责任等”为由，逼迫受害者汇款。

警方提醒，天上不会掉馅饼，收到所谓中奖信息要提高警惕，做到不信、不理、不汇款。

12. 冒充公检法电话诈骗

案例

郑州市民王丽在上海出差时接到了一个来自 95588 的电话，自称是中国工商银行河南分行的工作人员：“你工商银行信用卡已到最后还款期限，还款金额为 135680 元。”并告知可以拨打上海市杨浦区公安局电话后报警处理，并且提供了一个电话号码。

因为在上海人生地不熟，王丽就按所谓工商银行工作人员的要求拨打所提供的电话报警，接电话的自称是上海市杨浦区公安分局的何警官。这位何警官称王丽因涉嫌贩毒洗钱，将被采取刑事拘捕措施；有一份涉嫌贩毒洗钱的“刑事拘捕命令”需要王丽按照其所提供的网址，进行信息核实。

王丽打开电脑，按要求输入网址后，发现上面显示的是“中华人民共和国最高人民检察院”，在何警官的提示下输入6位案件查询号，网页上显示出“全国通缉令公告”，显示的是她的头像和身份证上的信息及她的联系电话，还显示一些涉嫌犯罪、声明、备注等内容。王丽当时就吓愣了，只能再打电话给何警官。何警官称，因案件性质恶劣，必须冻结王丽名下的所有账户。然后，要进行电子资金审查，把王丽名下所有的资金汇集到一张网银卡上，以证清白，而且还要保密，此事谁都不能告诉。

就这样，王丽同意保密，并在晚上10时许通过网银把两张银行卡上的63万元转到了一张建设银行卡上。随后，对方表示，如果要撤销刑事拘捕令，还需要交纳120万元的保证金，王丽也依言照办。过了好几天，感觉到有些异样的王丽才忐忑地告诉家人这一系列过程，随即在家人的陪同下报警。

| 揭秘 |

犯罪分子冒充公检法机关工作人员拨打受害人电话，以事主涉嫌洗钱、贩毒、拐卖儿童，或者法院有传票、信用卡透支、医保卡被冒用等种种借口，打着帮助受害人洗脱罪名的幌子，要求将其资金转入“安全账户”配合调查，实施诈骗。

13. 冒充房东等需要汇款的对象实施诈骗

| 揭秘 |

这类诈骗手法，是犯罪分子冒充房东等汇款对象群发短信，称银行卡已换，要求将款项打入其他指定账户。一些准备汇款的人不加留神便汇款被骗了。

| 提醒 |

现在很多人租房或者借款还款都是通过手机、网络与对方沟通后再转账汇款，犯罪分子群发“换银行卡”短信，有的人收到短信后未经核实就向新账户汇款而受骗上当。

警方提醒，要防范此类诈骗，最关键的是要对相关信息进行核实，尤其是涉及钱款时，一定要与当事人取得联系，确认无误。

根据中国人民银行的规定，2016 年 12 月 1 日后，ATM 机转账汇款延迟 1 天到账。如果当事人通过 ATM 机转账汇款后发现被骗，可以在报警的同时，通过银行撤销这笔汇款，避免损失。

14. 虚构绑架诈骗

案例

8 月，南京市栖霞区的杜先生接到一个陌生电话。

对方：你的女儿叫小雪，今年 21 岁，在三江学院上学。

对吧？

杜先生：（紧张地问）您是哪位？我女儿怎么了？

对方：你听好了，你女儿现在在我们手上，你赶紧拿出300万元赎金，在今天下午之前送到指定的地点。如果下午我们没拿到钱，后果你自己负责！

惊恐万分的杜先生赶紧报警。民警通过警务平台查询发现，身份证登记信息显示，小雪在秦淮区一家宾馆登记了住宿。警方立即赶至这家宾馆破门而入。却发现小雪一人在房间内，并未被人绑架。而小雪也在这天接到一个电话，电话里的版本是这样的：

对方：我是上海检察院的，现在正在调查一宗贩毒案，我们发现你的一个快递里面藏有毒品，你已经涉嫌犯罪。

小雪：啊，我是冤枉的，我真的没有做过这种事。

对方：现在你已经是涉案人员，你先老老实实接受我们的调查。待会儿挂了电话之后，你必须把手机关了，重新办理一张手机卡，找一个安静的地方，我们对你进行封闭调查。不许把这件事告诉任何人。

小雪信以为真，按对方要求办理了一张新的手机卡，并去宾馆开房接受审查。对方在电话中以为其制作笔录为由，将小雪家庭基本信息全部套取掌握。后以掌握的信息向其父亲杜先生宣称小雪被绑架，索要赎金300万元。幸亏杜先生及时报警，诈骗未成功。

| 揭秘 |

这类诈骗手法，是犯罪分子虚构受害人亲友被绑架，提出如果要解救人质需立即打款到指定账户并且不能报警，否则撕票。受害人往往因情况紧急，不知所措，按照嫌疑人指示将钱款打入账户后被骗。

| 提醒 |

此类诈骗往往针对在校学生的亲属，利用学生往往涉世未深的弱点，犯罪分子先是冒充公检法机关以涉嫌犯罪为借口对学生进行威胁恐吓，逼迫其断绝与外界的联系，去宾馆开房接受所谓的审查，再打电话给学生家长实施敲诈。一些犯罪分子还会指挥学生录制音视频发送给家长，造成被绑架、被伤害的假象，逼迫其家人交纳所谓的赎金。

警方提醒，公检法机关不会通过电话办案，不会通知当事人去宾馆开房接受所谓的审查，更不会要求当事人与外界断绝联系。如果遇到此类诈骗，应当保持冷静，第一时间报警，由警方调查处置。

15. 谎称电视欠费诈骗

案例

市民刘女士在家接到一个电话，电话接起后自动播放语音："您家有线电视欠费将被强制停机，如有疑问请按 1 转接人工服务……"

刘女士来不及多想，立刻按照电话中的提示，选择了"人工服务"。

刘女士：你好，我想咨询一下我欠费是什么情况。

对方：我们这边是有线电视台，你家的有线电视已经欠费了，我们将在两个小时内停送你家的电视信号，停机之后将要重新办理信号入户，之前享受的套餐优惠和累计消费都会清零。

刘女士：我该怎么办呢？以前的套餐用得挺好，我不想换啊。

对方：如果要避免停机，你必须在两个小时内缴费，估计你去营业厅再排队、再等这笔钱到账肯定来不及了。这样吧，你记一个我们的缴费账号，赶紧把之前的欠费和下一阶段的费用补交进去，你找个最近的银行汇钱就行。

由于对方给刘女士设定的汇款时限只有两个小时，放下电话后，刘女士急忙到附近银行按照对方要求向指定账号汇了500元钱。等她汇完款，到附近有线电视营业厅再咨询时才发现自己被骗了。

| 揭秘 |

犯罪分子冒充广电工作人员群拨电话，称受害人的有线电视欠费，让受害人向指定账户补齐欠款，否则将停送电视信号并罚款。有些人就信以为真，汇款后才发现被骗。

| 提醒 |

此类诈骗主要通过群呼的方式实行宽泛诈骗，一些不了解相关缴费程序的人接到电话后会信以为真，将“电视费”汇到骗子的银行账户里。警方提醒，遇到此类诈骗，有线电视用户应向当地营业厅咨询，或拨打有线电视客服电话咨询。

16. 复制手机卡诈骗

案例

重庆的孙某一直怀疑自己妻子有外遇，却苦于无法找到有力证据。有一天，他突然收到一条陌生人发来的短信。短信中说，可以提供复制手机 SIM 卡服务，实现监听通话等目的，但需支付一定的手续费。孙某欣喜若狂，立即按所留下的电话拨打过去。

孙某：你这里可以复制手机卡？对方会知道手机卡被复制了吗？

对方：我们的技术都很成熟了，对方不可能知道手机卡被复制。他收到什么短信、接到什么电话，你都可以收到一样的。你得把一些身份信息发给我，还要交 800 元手续费才能办。

孙某：好，我这就给你提供！

孙某按照对方提供的卡号，给对方汇了钱，并将自己的名字和妻子的电话号码发了过去。几天后，孙某接到电话，显示的是自己妻子的号码，但是接起来，发现正是号称复制手机卡的那个人。孙某深信不疑。

对方：你手机上应该也看到了，我们卡办出来了。但是因为这个卡比较特殊，得绑定在咱们的专用手机上用，你得再支付 8800 元的手机钱。

孙某感觉有点不对，就说：我没那么多钱，这个卡我不要了。

对方：哼，卡和手机我们已经绑定好了，你不要不行。你要是不给钱，想必这个号码的主人应该愿意付钱吧。我看看告诉她之后，她愿不愿意要这个手机。

由于没有找到有力证据，孙某还不想和妻子闹翻，就按照对方的要求汇了款。孙某原本以为对方只是不想白忙活才这样威胁，钱款汇过去后对方会将手机和 SIM 卡一同寄过来，却不承想对方再次打来电话。

对方：钱已经收到了，但是这手机还不能立刻给你。要是不想让对方知道你复制了她的手机卡，你还得给 2 万元的封口保险费。你自己想想她知道这件事的后果吧。

孙某：你……你……

这时孙某才完全清醒过来，立刻报案。目前，公安机关已立案侦查。

| 揭秘 |

这类诈骗不是犯罪分子利用他人手机卡的复制版来实施犯罪，而是以“复制手机卡”为名义，诱使受害人上当受骗。犯罪分子先通过互联网或手机群发短信，以“复制手机 SIM 卡可接收他人手机短信，监听通话内容”为诱饵，诱人上当。在取得被害人信任后，犯罪分子便以复制 SIM 卡需手续费、制作费、交易风险金、封口费等种种借口，持续实施诈骗。

| 提醒 |

在这类诈骗中，犯罪分子为了向受害人显示自己的确有复制手机卡的能力，会用改号软件拨打受害人电话，伪装成对方想要复制的手机卡的号码，让客户信以为真。

很多试图复制他人手机卡的人员，目的是获取他人个人信息及隐私。由于这本身涉嫌违法甚至犯罪，所以受害人特别担心自己的行为败露。骗子正是抓住这种心理，打电话声称要将此事告诉被复制号码的手机用户（这是受害人最不愿意让人知道的），以此要挟，对其实施连环诈骗。

警方提醒，手机卡具有唯一性，不可复制，凡是声称复制手机 SIM 卡可接收他人手机短信、监听通话内容的，一定是诈骗。

17. 利用钓鱼网站诈骗

案例

8 月，王女士和往常一样坐在办公电脑前办公。突然她收到一条短信。短信内容是：您的网银需要升级，请按以下网址进行操作。王女士一想，我确实在该银行办理了网银服务啊，别升级晚了回头用不了。于是她当即按照短信里的网址登录网站进行升级操作。

网站网址和页面设置没看出什么破绽，就是正规银行官网的样子，醒目的位置有个“登录银行网银电子密码器升级”的栏目。点开升级链接后，升级提示特别细致。于是王女士一步一步按网页上的提示操作，输入了自己的银行卡的卡号、个人资料信息。

点击确认后，网页又提示，让她插上电子密码器，进行系统硬件升级。并弹出一个窗口，要求她输入银行卡的卡号和密码，名义是将“升级版密码器”与银行卡绑定。王女士也没有任何怀疑就照办了。

仅仅用几分钟，王女士就完成了所谓的“升级”。但是随后手机响起，她收到银行的提示短信：账户上的10万余元被转入另外一个陌生的账户。

| 揭秘 |

这类诈骗，手法多变，危害很大。首先，犯罪分子谎称银行卡网银的电子密码器即将过期需升级，并提供一个号称官方网站、实为钓鱼网站的链接。这些链接迷惑性很强，大多是在正规官方网站的基础上添加字母或修改后缀变成的。犯罪分子在页面上加入一个“登录银行网银电子密码器升级”的栏目，诱使用户点击，进而盗取用户的网银卡号、密码以及动态口令，并立刻把盗取信息输入正规的银行官网，将用户账户内的资金转走。

| 提醒 |

犯罪分子事先设置的虚假银行网站，俗称“钓鱼网站”，与正规的银行官网非常相似，而且页面中大多数内容能自动连接到银行的官网，犯罪分子只在页面上加入一个“登录银行网银电子密码器升级”的栏目，诱使用户点击。“钓鱼网站”通过早已设置好的木马程序，盗取用户的网银卡号、密码以及动态口令。随后犯罪分子会在极短时间内，把这些信息输入正规的银行官网，将用户账户内的资金瞬间转走。

警方提醒，一定要通过真正的银行门户网站登录办理网上银行业务。不要轻信其他网站或通过邮件、短信、电话发布的网上银行信息，不要点击来历不明链接，特别是在录入网银卡号、密码和动态口令时更要仔细核对。如果发现上当受骗，无论损失金额大小，都要尽快报案，全面提供诈骗手机号码、短信内容、“钓鱼网站”链接、银行账号等涉案信息，以便警方追查，尽可能挽回损失。

18. 金融交易诈骗

案例

3月，浙江衢州、杭州民警联合办案，端掉位于杭州下沙一涉嫌诈骗的网上现货交易平台。去年以来，很多被骗的事主集中向警方举报“云南高升原油”和“中聚祥”两个大宗商品现货交易平台。据进一步调查发现，“云南高升原油”和“中聚祥”两个平台运营不足1年，分别涉嫌诈骗三四千万元后即关闭平台“跑路”。

办案民警介绍，建立此类大宗商品现货交易平台并不难。犯罪分子往往先购买一个软件，创办平台，接着发展下级代理拉拢客户，而后实施诈骗。这类软件在互联网上就能买到，少则三五万元，多则数十万元；除了在网上搭建虚拟的“现货交易平台”，这类软件的另一功能就是后台修改K线图。“平台控制者让大盘涨就涨，让它跌就跌。”看似投资K线走势图对接大盘数据，事实上这些平台几乎没有一家与大盘数据实时对接，而是通过软件复制大盘数据，再进行具体调整。这些人为制造的涨跌令投资者不知不觉间就亏损了。投资者往往很难发现这些猫腻，因为第二天，后台就将K线图调整得与大盘一致，不留痕迹。

| 揭秘 |

近两年来，网上出现大量以现货交易为幌子的网络金融诈骗平台。这些平台最开始以农产品现货交易为主，最近一年多以白银、钯金、铂金、铜等贵金属及原油交易为主。犯罪手法多是通过软件修改大盘涨跌 K 线图等。这些广告来自各种大宗商品现货交易平台，往往打出 40%～60%的投资回报率吸引投资者。

第一步，嫌疑人以某某证券公司名义散布虚假股票、基金信息及走势，诱惑吸引事主；第二步，在取得受害人信任后，嫌疑人通过虚假交易平台引导事主购买期货等产品，继而将事主资金骗取。

| 提醒 |

此类网络投资诈骗犯罪一般采用公司化运作，犯罪团伙主要由“股东”“分析师”“操盘手”“业务员”“代理商”5类人员构成，往往打着合法公司的招牌，勾结网络软件公司在互联网上搭建虚假的大宗商品、农产品、贵金属、证券等交易平台，虚构物品、证券交易，以高额回报为诱饵诱骗客户投资。

警方提醒，投资有风险，投资者应该在正规的投资网站进行投资，勿相信一些保证有高回报的广告。天上不会掉馅饼，坚决不进入所谓的包赚高回报平台。

19. 利用ATM机告示诈骗

案例

3月，广东惠州惠东县的刘先生在ATM机取款。卡插进去了，但是钱出不来，这可急坏了刘先生。

突然，刘先生看到在ATM机的不起眼位置，张贴着一张服务告示，上面写着“如取款出现问题，请拨打以下电话”，还列出一个手机号码，号称是银行工作人员的。刘先生没有多想，按提示拨了过去：

刘先生：（着急地）你好，我打算在ATM机上取3000元钱，但是钱怎么都不出来。

对方：你的银行卡是不是没有余额了？

刘先生：不可能啊，我的卡里还有4万元，而且我手机也收到提示短信说我取了款，但不知怎么回事儿机器不出钱啊！

对方：你别着急，我从我们银行的系统里面调一下数据，应该能查出是什么原因。你把你的银行卡的卡号和密码告诉我，我先把你没取出来的钱退回账户。

刘先生心想，能先退回去那太好了，于是忙不迭就把银行卡的卡号和密码告诉了这名“客服人员”。随后，“客服人员”以让他等待回复为由，先挂断了电话。

就在几分钟后，刘先生收到短信，银行卡内的钱被悉数取出，而之前的电话再也无法接通。刘先生这才知道被骗，立刻向公安机关报案。

| 揭秘 |

这类诈骗往往离我们很近，犯罪分子事先堵塞遮挡 ATM 机出卡口、取款口等，并在 ATM 机上张贴虚假服务告示；事主在 ATM 机操作过程中发现有故障，一旦按照虚假告示联系犯罪分子，犯罪分子就会伺机套取银行卡卡号、密码等信息，从而盗取事主卡内现金。

| 提醒 |

警方提醒，银行不会在 ATM 机上粘贴卡片等。客户取款时应先检查取款机是否有异常，发现异常立即停止使用；也可以拨打 114，查询相应银行的客服电话号码后，联系工作人员进行处理。切勿相信 ATM 机上粘贴的小卡片，不要盲目拨打各种“电话”自行解决。

20. 办理信用卡诈骗

案例

4 月，浙江奉化的李先生收到一条短信。短信上说：您的信用记录良好，诚邀您申请某银行白金信用卡。具体情况，请按短信中的电话联系王经理。

当天下午两点左右，李先生接到一个电话，电话那头自称是短信里所说的王经理。

王经理：先生，您好，我们系统显示您此前信用记录良好，您也经常在我们银行有大笔交易，我们很看重您这样的优质客户，您要不要做透支额度更高的信用卡？

李先生：透支额度高是什么概念呢？最高额度是多少？

王经理：30 万元或 50 万元都有，最高可以 100 万元。您要先在一张借记卡存一些钱，证明您有还款能力。

李先生十分心动，第二天上午，就按要求往自己名下的一张借记卡里存了 35 万元，并告知王经理。王经理回复说让另一位周经理继续联系他完成办卡手续。

当天下午 3 时许，周经理告诉李先生，办卡需要电脑操作，并通过短信发来办卡网址链接。李先生在电脑上输入这个链接，打开网页发现，网页制作精美，功能齐全，和正规银行官网几乎没有区别。于是李先生丝毫没有起疑心，按周经理的指示点击“高额透支信用卡”按钮。

李先生在网页上输入了身份证号码、姓名、手机号、贷款数额及用途，还有存有 35 万元借记卡的卡号、密码等一系列复杂内容后，周经理称系统卡住了，让李先生再操作一遍。

但是，第二次输入还没来得及完成，李先生就收到银行短信，提示存了 35 万元的那张卡有钱款支出。这时候，李先生才意识到被骗，立刻报警。

| 揭秘 |

犯罪分子通过短信、邮件或者在街头张贴的小广告，声称可办理高额透支信用卡。一旦事主与其联系，犯罪分子则以“手续费”“中介费”“保证金”等虚假理由要求事主连续转款。

有时，犯罪嫌疑人会以让受害人证明自己有还款能力为由，要求受害人事先往卡里存钱，随后再通过电话指挥受害人在钓鱼网站链接上进行操作，谎称是履行办卡手续，实则一步一步诱使受害人将卡内钱款汇到骗子账户。

| 提醒 |

这类犯罪主要针对急需用钱又不愿意抵押资产的受害人，犯罪分子通过短信、邮件，或者在街头张贴小广告，声称可办理高额透支信用卡的方式来诱使受害人上钩，再通过收取各种费用欺骗受害人转款以实施电信诈骗。

警方提醒，天上不会掉馅饼，信用卡提升额度只能向所在银行申请，有着极其严格的条件和审批的手续，不可能通过非常规途径办理。

21. 刷卡消费诈骗

案例

2015 年 9 月 7 日，广东肇庆的徐女士接到一条短信，说自己的信用卡在境外被消费 8056 美元，并留下联系电话。徐女士心想，自己最近也没出国，难道银行卡被人盗刷了？赶紧按照短信中的电话拨了过去。

徐女士：喂，你好，我刚刚收到短信说我的信用卡在境外消费了，这卡在我身上啊，我没有在境外消费过。

对方：小姐，您别急，我们是广东肇庆邮政银行的工作人员，系统里确实看到您的消费记录了，而且我们也看到相关的短信提示。如果这笔钱不是您本人消费的，那可能是您的个人信息被盗用了或者信用卡被盗刷了。

徐女士：啊，那我怎么办呢？

对方：这样，您赶紧报警，为了节省时间我直接把电话给您转到公安局。

徐女士：您好，是警察吗？我的信用卡被盗刷了。

对方：银行已经把您的卡号和信息转过来了。您这个问题挺严重的啊，我们看到这张银行卡涉嫌一起境外的洗钱案件，我们已经通过电话定位了您的位置，马上会对您展开调查。

徐女士：啊，我是被冤枉的，难道我的个人信息被盗用了？

对方：不排除这种情况，我们也不想冤枉好人。这样吧，如果您想证明清白的话，现在把您这张银行卡内的剩余资金立刻转到公安的安全账户，接受我们的资金核查。现在您记一下我们这个安全账户的卡号，赶紧来进行资金核查。

徐女士：好的，我这就办。

于是，徐女士按照对方的指示，把卡里的钱悉数打到对方指定账户。但是在汇完钱之后，徐女士突然醒悟过来，发现已经上当受骗。

| 揭秘 |

犯罪分子通常采用的刷卡消费诈骗手法是群发短信，假称受害人银行卡有大额消费，可能是银行卡被盗刷，或者个人信息被盗用。然后，冒充银联中心或公安民警连环设套，要求受害人将银行卡中的钱款转入所谓的“安全账户”或套取其银行账号、密码从而实施诈骗犯罪。

| 提醒 |

这类犯罪手法的关键在于，犯罪分子利用受害人担心银行卡被盗刷或者个人信息被冒用的恐惧心理，以调查受害人资金来源为名，实施诈骗。

警方提醒，包括公检法机关在内的任何单位都不存在所谓的安全账户，一旦提到“安全账户”一定是电信网络诈骗。同时，要确定对方单位的真实性，需要拨打有关单位的客服电话或者对外电话，而不是由对方进行转接，也不能凭借对方号码显示的是该单位对外公布的电话号码就简单确定。因为在此类诈骗中，犯罪分子经常使用改号软件，将自己的号码显示为银行、银联或者公检法机关的对外办公电话。

22. 伪基站诈骗

案例

浙江的张先生在家中突然收到一条短信，短信里说：恭喜你，你被“奔跑吧兄弟”节目组选中作为幸运嘉宾，荣获二等奖，获得由节目组提供的定制版笔记本电脑一台，价值15000元，请登录短信内的网址链接，输入唯一验证码9528领取奖品。

张先生将信将疑：虽说我挺爱看这个节目的，但是我也没听说过这个抽奖活动啊？估计是骗人的吧。但是，张先生转念一想：我就登录这个网站看看，万一是真的呢？

于是，张先生通过电脑登录了短信内的网址。网页制作精美，上面还循环播放节目的精彩集锦，在醒目位置有一个“兑换奖品”按钮。张先生点击按钮后，页面提示张先生输入验证码。张先生打开手机，按照短信里的验证码输入，页面竟然真的弹出中奖提示，和短信中描述的奖项、奖品完全一致。

张先生喜出望外："难不成我真的这么好运气，这都能给我中到?"于是他也没顾得上多想，就直接按照网页提示，输入了一系列个人信息，等待奖品寄送上门。

不过，在随后的日子里，张先生多次接到自称"节目组"的电话，分别让他缴纳各种名目的费用，包括奖品的"手续费""税款"等。在按照要求打了几次钱后，张先生产生了怀疑，多方求证后发现被骗，立即向警方报案。

| 揭秘 |

"伪基站"系不法人员组装生产的"三无"产品，但是功率非常大，能将用户与正常的运营商基站强行断开，持续搜取以其为中心，半径数百米至几公里范围内的手机用户，并且冒用公众服务号码或者任意手机号码，强行向用户手机发送诈骗信息，每小时可发送数万条信息，危害巨大。

犯罪分子首先制作或者购买虚假链接，这些链接有的是植入木马，有的是钓鱼网站。然后，再雇用他人利用伪基站走街串巷，向不特定群众发送积分换现金、中奖等诈骗短信，诱使受害人点击，实施诈骗犯罪。

| 提醒 |

伪基站诈骗发送的短信中都附有链接，主要分为两类：一类链接是钓鱼网站，犯罪分子通过伪基站发送冒充金融机构或者运营商客服的短信给不特定的人群。一旦有人点击短信中的链接，就会进入钓鱼网站。受害人在链接中输入银行账户信息、密码，犯罪分子在后台都能看见，就会立刻利用这些银行账户信息在真正的银行网站上操作，迅速盗取受害人银行卡内的金额。

另一类链接是木马，往往伪装成聚会照片等。一旦受害人点击，手机就会被植入木马，绑定的银行卡就会被犯罪分子盗刷。

警方提醒，不要轻信短信中的内容，更不要点击短信里的不明链接，以严防登录钓鱼网站，或者手机被植入木马。

23. 网购平台诈骗

案例

小龙看中一双限量版球鞋，这双鞋他已经在网上找了好久，但是要么断码要么没看到有现货。有一天，小龙突然在一家网店里看到了梦寐以求的这双鞋。

虽然卖家的信用级别不高，而且也不像是个专门卖鞋的店，但毕竟这是自己找了好久的一款鞋，尺码又正好合适，小龙没有丝毫怀疑，就通过平台的聊天功能向卖家询问。

小龙：老板，在吗？

小龙：亲，在吗？我要买鞋。

直到小龙反复询问了很多遍后，对方总算有了回应。

卖家：平时不常在线，有意购买请加我这个QQ。

小龙赶紧按要求添加了卖家给的QQ。在QQ上，卖家比之前热情了很多。

卖家：不好意思，我在公司，这边没法上平台的聊天软件，老板盯着呢。都是兼职请您理解哈！

小龙：我要买这双限量版的球鞋。

卖家：您要的这款鞋我们是有货的，您拍这个链接吧。

说完，卖家通过 QQ 发来商品链接。小龙点开一看，就是自己想要的那双鞋的购买页面。于是小龙丝毫没有犹豫，就按平时的操作购买并付款。当晚，小龙想看看物流进度，再次通过官网进入自己“已买到的宝贝”一栏，却发现购买记录里根本没有这双鞋。他赶紧与店家联系，对方一直没有理会。再用 QQ 联系时发现，对方已将他删除拉黑。而他通过银行网站查网上交易记录，发现自己的钱已经直接付到一个陌生账户。

｜揭秘｜

犯罪分子先要求买家加为 QQ 或者微信好友，避开网购平台的监督；再在 QQ 或者微信上发送钓鱼网站，诱导买家点击链接并填写信息，实时获取买家填写的账户名、银行卡号及密码等付款信息；再登录买家的网银官网，进行转账或购买游戏点卡操作，完成诈骗。

｜提醒｜

警方提醒，由于网购平台通常只对官方聊天工具上的信息负责，因此犯罪分子往往会诱骗受害人加 QQ 或者微信来完成购买，有时还会称可以给买家额外的优惠，目的是绕过网购平台的监管。如果消费者贪图这点小便宜，往往就会落入骗子的陷阱。遇到“网购平台客服”要求加 QQ、微信的，应一概拒绝。

同时，网购的时候应该保持警惕，不要在交易过程中随意点击对方发来的链接，不要让输入用户名、密码就输入。自己收到的各类验证码，都是信息、资金的最后一条安全防线。千万不要告诉任何人。接到所谓“订单异常”的电话，应挂掉电话，直接与网店卖家联系，或直接致电网购平台的官方客服电话咨询。

24. 补助、救助、助学金诈骗

案例

广东佛山的廖某通过网络聊天工具，找到一个盗卖学生信息的卖家，以 1200 元的总价买到了一份湖北某中学的在读学生资料。之后廖某一伙四人进行了分工，廖某和王某负责冒充学校老师，许某和陈某负责冒充教育局工作人员。随后拨通了一个家长的电话。

骗子 1：是蒋洁的妈妈吗，蒋同学这学期成绩很好，获得了 3280 元的教育基金财政补贴。

事主：是吗？还有补贴呢？

骗子 1：您记一个电话，是教育局工作人员，具体您和他联系。手机号码是……

随后，家长按照骗子的指示，拨通了这名所谓“教育局工作人员”的电话。

事主：喂，您好，是教育局吗？

骗子 2：是，什么事情？

事主：想问一下教育基金补贴，我是蒋洁的妈妈。

骗子2：怎么现在才来问！学校早没通知吗？今天最后一天办理。都拖到最后一天。今天领不了，明天就不能办了。

事主：老师今天刚通知的！我在外地打工，没在家，这怎么弄啊？

骗子2：补贴打到卡上，在外地也能办，抓紧时间吧。拿张储蓄卡，找一个ATM机，在上面操作。到了再给我打电话，我告诉您怎么操作，步骤不能错。

事主：好，谢谢啊。

略带责备的催促语气，电话那头的“教育局工作人员”似乎也在替学生和家长着急。对方的“好心”让家长也放松了警惕。家长急匆匆来到ATM机前，再次拨通电话。

骗子2：您卡插进去了吗？卡里还有多少余额？我做一个记录，教育补贴到账之后，再查一下，好核对发放金额。

事主：余额是13550元。

骗子2：好的。然后点跨行转账，在这个下面操作，输入补贴系统里的学生证号，系统会自动识别。蒋洁的学生证号是……

骗子2：然后点“其他金额”，进入输入补贴编号13548。

骗子2：再核对一下编号，核对好就确认。

事实上，所谓的“补贴编号”正是转账金额。输入所谓的“补贴编号”之后，卡里的钱就会转账到犯罪嫌疑人的账户里。

| 揭秘 |

犯罪分子冒充民政、残联、教育、财政等单位工作人员，向残疾人员、困难群众、学生家长打电话、发短信，谎称可以领取补助金、救助金或者助学金，要求受害人提供银行卡号，然后以资金到账需要查询为由，让受害人在自动取款机上进入英文界面操作，利用受害人对英文界面不熟悉，将转账金额谎称成所谓“验证码”，从而实施诈骗。

| 提醒 |

这类犯罪手法，犯罪分子通常会通过非法渠道，事先获取受害人详细资料，进而实施精准诈骗，由于受害人不了解 ATM 机英文界面操作，犯罪分子让他们在英文界面下输入的所谓“验证码”，实际就是转账金额。

警方提醒，申领补助金、救助金或者助学金等事宜，应按程序向政府有关部门提出申请或向学校申领。

根据中国人民银行的规定，自 2016 年 12 月 1 日起，通过 ATM 机转账汇款的，延迟 24 小时到账。如果发现被骗，可以在 24 小时内向 ATM 机所属银行申请撤销这笔汇款。

25. 医保卡、社保卡诈骗

案例

安徽的李女士近日接到一个电话，电话接通后，首先传来了一段电脑语音。

电脑语音：医保管理中心通知，您的医保卡存在异常，将于今天下午 3 点停用。如需人工服务请拨 9。

李女士将信将疑，但是依然按照电话中的提示，按下数字“9”。

随后，电话那头的声音变成了真人，对方自称是医保管理中心的工作人员。

李女士：刚刚我接到这个电话的通知，说医保卡出了问题，我想咨询一下是什么情况。

对方：稍等，我给您查询一下，请告诉我您的姓名和身份证号。

李女士在电话里将自己的个人信息告诉对方，随后电话那头响起键盘敲击声。

对方：系统里的资料显示，您的医保卡曾于3月在南京有一笔12855元的异常报销记录，医保部门将封存您的医保账户。

李女士：我没有去过南京啊！

对方：那很可能是您的身份信息被盗用了，建议您立刻向南京的公安局报案，我们这里显示的有医保卡在南京被申请的申办日期、公文编号和银行卡号。

李女士：稍等，我记一下。

对方：我们会通过内部系统替您转接到南京警网系统报案，随后会有警官和您联系。

随后，电话再次响起。

对方：你好，这里是南京市公安局，我是张警官。社保中心给我们发来了你的情况，你先看清楚来电显示的号码“025-84402882”，请拨打南京市的114查询确认该电话。我们这是为了保障报案人安全，避免出现诈骗电话。

李女士按照要求进行查询，当地114报出该号码的登记地址是南京市公安局刑警支队丹凤街通信市场民警办公室，李女士于是对对方深信不疑。

几分钟之后，这名“张警官”再次打来电话，语气严厉地训斥李女士，表示出现这种情况完全是由于她没有妥善保管自己的身份信息。

对方：刚才我通过警网系统已经查询到你的身份信息，不但有医保卡被异地使用的问题，还有一起洗黑钱的经济案件中使用的银行卡是以你的身份信息开办的，你很有可能也是犯罪嫌疑人。

李女士：不会啊，我怎么可能是犯罪嫌疑人！我现在就去公安局报警，这肯定是误会！

对方：我这边就是公安局！但是你必须在1小时之内赶到南京，否则我去执行公务没法接受你的报案，你也会因涉嫌犯罪被公安部门拘留调查。

李女士：我在安徽呢，怎么都不可能1小时内赶到南京，您看有没有什么办法通融一下？

对方：那我给你做电话录音笔录，你找一个安静的、没有第三者在场的地方。你现在是涉案人员，不允许将这事告诉亲戚、朋友，否则以泄密罪处以5年以上有期徒刑。

开始所谓的“录音”后，对方询问了李女士的个人信息，最后称李女士牵涉经济案件，情况非常严重，必须先将本人的银行存款转移到“公安局”设立的一个保密账户上。李女士着急之下按照对方要求进行转账，随后发现被骗。

| 揭秘 |

在这类诈骗中，犯罪分子首先冒充社保、医保中心工作人员，谎称受害人医保、社保出现异常，可能被他人冒用、透支，涉嫌犯罪，对受害人进行恐吓；之后冒充公检法机关工作人员，谎称可以帮助受害人洗脱罪名，并以核查为由，诱骗受害人向所谓的“安全账户”汇款，实施诈骗。

| 提醒 |

犯罪分子利用受害人得知医保卡、社保卡被盗刷、盗用后急于证明自己清白心理，冒充公检法机关工作人员，实施诈骗。

警方提醒，医保卡只能在当地医保定点医疗机构、定点零售药店使用，并且个人账户资金不能透支。正常使用、正常缴费的医保卡个人账户不会被无缘无故封存。任何向参保单位、参保人通知社保卡、医保卡停用以索取个人信息、金钱的行为，均可被认定为诈骗行为。请大家切勿相信此类电话，更不要在电话中轻易透露个人信息，谨防上当受骗。

26. 二维码诈骗

案例

不久前，浙江的李女士在网购平台上购买了150元的东阿阿胶，没想到却在第二天遭遇了所谓“卖家”的电话骚扰。

对方：你拍了这个150元的阿胶。其价格有所调整，比你购买的价格便宜。但是那时候你已经下单了，我们需要把钱通过微信退给你才能发货。

李女士：没事，你先发货吧，这钱我不着急收，但是东西我急用啊。

对方：我必须先把这些钱退给你，不然没法发货！

李女士：我需要怎么操作？

卖家：这个很简单，你加我微信扫二维码就可以，钱就马上就能到你的账户了。

随后，李女士按对方的要求添加了微信，在聊天的过程中，对方给李女士发了3次二维码图片。李女士在扫描这些二维码后，被要求输入身份证和银行卡号。随后，对方还要求李女士将手机收到的验证码发送给他。

对手机二维码支付等新型支付方式一知半解的李女士并没有起疑，按照对方的要求一一进行了操作。但是最后，李女士两张银行卡内近万元的资金被划走。

李女士很惊讶，手机在自己手上，自己扫的二维码对方也看不到，怎么钱就被转走了呢？后来经过家人提示，她才知道，自己一扫二维码，对方就能马上收到李女士的二维码信息。

随后，李女士也同自己购买阿胶的卖家取得了联系。但对方表示，李女士被骗不是他们店铺的工作人员所为。对于购物信息被泄露，卖家只是建议李女士进行报警处理，对李女士在微信上与对方沟通的内容不予承认。目前，李女士已经向当地警方报案。

| 揭秘 |

犯罪分子制作植入木马病毒的二维码，用来替换正规广告中的二维码，或者在付款、租车等场合，用植入木马的二维码来鱼目混珠；受害人一旦扫描，就会被嫌疑人盗取银行账户、密码等信息，落入诈骗的陷阱。

有的时候，犯罪嫌疑人会故意迷惑受害人，混淆“付款码”和“收款码”。一旦需要收款的受害人误将“付款码”截图发送过去，钱就被对方骗走。

| 提醒 |

对于付款二维码和收款二维码，只要用户使用的时候多留心，就能够分清楚。但是，对于含有钓鱼网站的二维码，用户无法判断。而且，看似复杂的二维码，制作起来几乎是“零门槛”。用户一旦扫描恶意二维码，就自动跳转到后台控制的钓鱼网站，在不知情的情况下泄露了自己的银行卡信息和密码。

警方提醒，防范利用二维码实施诈骗，首先要对二维码的来源进行判定，不扫可疑的二维码，不要贪图一些小便宜去扫描陌生人提供的二维码。同时，对于自己的付款码要妥善保管，不要轻易让他人获得。

此外，二维码支付应当选择公认比较安全的客户端，比如一些客户端能够防止二维码被截图，从而防止诈骗分子用来转账。

27. 重金求子诈骗

案例

2014 年 10 月底，福建省福州市钟某接到一个电话，电话里自动播放了一段录音。

录音：您好，我叫小美，今年29岁。因丈夫没有生育能力特许一男士与我共育一子，电话谈好，速飞你处见面，首付定金30万元，有孕再付150万元，联系电话×××，或添加微信联系。

钟某一开始没当回事儿，过了几天，一时无聊就按照对方提供的电话，从微信上添加了好友。对方的头像显示是个美女，钟某立刻产生了兴趣，开始和对方聊天。一来二去之间，对方告诉钟某，自己收入不菲，因为丈夫不能生育，迫不得已才花重金求子。

随后，钟某向对方询问交易的细节和价格。对方说，可以来钟某所在的城市与钟某见面。两人约好时间和航班，在约定航班出发前，两人打了个电话。

【机场背景音】

对方：我已经到了机场啦。

钟某：你注意安全哦，到了打电话给我。

电话那头传来的人群嘈杂声和机场广播的声音，让钟某深信不疑。然而过了半小时，对方又打来电话，称航班出了问题，只能改签。

在接下来的三四个月里，两人一直因为种种理由没能见面，但是对方和钟某一直保持着电话和微信联系。此时钟某已经确信，那边的确有一个在婚姻中陷入苦恼的少妇，也越来越相信对方说的话。但是就在这段时间里，对方又以公证费6860元、个人所得税3万元、押金4万元、好处费2.1万元等种种名目向钟某要钱。钟某共汇款给对方 97860 元，最终发现被骗。

| 揭秘 |

犯罪分子通过电话、网络或者街头小广告等方式散播“重金求子”“以高价找人生孩子”等内容的虚假信息，谎称愿意出重金求子，引诱受害人上当；待被害人信以为真后，通过冒充“富婆”“律师”“工作人员”等，让被害人缴纳名目繁多的所谓诚意金、检查费、个人所得税、公证费等，实施连环诈骗。

| 提醒 |

警方提醒：凡是重金求子的，均属诈骗，不要上当。此类诈骗中，犯罪分子许以重金诱使受害人上当，再以提前缴纳公证费、律师费为幌子，要求受骗人汇款，以达到诈骗目的。为了使受害人信以为真，犯罪分子在与受害人通话的时候，会播放机场、车站、医院等场合录制的背景音，模仿这些场景。

28. 提供考题诈骗

案例

小李准备参加 5 月 18 日举行的某特殊岗位考试，但是因为复习得不到位，心里还是很不踏实。考前 1 周左右，小李突然在互联网上发现有人声称“有内部渠道”可以提前拿到考试题。小李怀着试一试的心态，同这个人取得了联系。

小李：你们提供的这个考题靠谱吗？

对方：没问题，我们跟出题老师关系非常好，拿到的题百分之百准确。

小李：但是考题这么容易能拿出来？

对方：你就放一百个心吧！不瞒你说，这就是我们跟出题老师合作搞的生意。你买试题的钱，得有一大部分进那个老师的口袋。你说说，这老师能骗你吗？

在对方的大力鼓吹下，小李开始有点相信了，对方又对他说，不用一次性付完款。

对方：你看这个考试也挺重要的，我们维护跟那个老师的关系也不容易，也不跟你瞎要价了，你先付3000元定金，等考试通过后再付剩下的5000元。

对方这个付款方案，让小李吃了定心丸。立刻向对方指定的银行账户汇去3000元，对方又打来电话。

小李：钱已经汇过去了。

对方：你还得先汇1000元保密保证金。

小李：怎么还要收钱，不是考试之后才付的吗？

对方：你得确保不把我们给的考题告诉别人啊，如果没有泄密情况，这1000元考完试还是得还给你的，你说是不是这个理。

小李于是再次相信了对方的说辞，继续汇款过去。然而，对方的电话再也无法接通。这时候，小李才发现，自己上当受骗了。

| 揭秘 |

犯罪分子谎称可以提前获得各类考题，从而实施诈骗。

犯罪分子先非法获取考生信息，称能提供考题或答案，对即将参加考试的受害人实施精准诈骗；一旦有受害人急于求成，试图作弊，按照犯罪分子的要求将钱款转入指定账户，就会被骗。

｜提醒｜

警方提醒：我国对法律规定的各类考试的试题和答案均有严格的保密规定，现实中漏题泄密的情况很少发生。而且一旦发生，相关人员会被追究刑事责任。所以凡是声称能提供考试试题答案的，均属诈骗。广大考生要杜绝侥幸心理，诚信面对各类考试，不要受骗上当。

29. 高薪招聘诈骗

案例

农历正月十四日，在武汉老家过年的小张寻思着去换一份新的工作。他在一家招聘网站上看到，北京一个建筑工地正在招聘施工员。网站上提供的待遇相当不错，每月工资9000元，还包吃住。小张动了心：能来北京干活，又有这么不错的条件，多好啊！我得赶紧联系这个负责招聘的人，免得被其他人抢了先。

于是，小张通过电话联系了负责招聘的文主管。双方简单交流之后，文主管对小张比较满意，让他年后赶紧到北京，到了之后打电话给自己，会去火车站接他。

但是当小张从北京西站下了火车，却没等到接站的文主管。

小张：文总你好，我已经到火车站了，我去哪儿找你呢？

文主管：你按这个地址过来，到北京的南楼梓庄，你自己去找项目经理张先生，提我就好。

小张：哎，我这就过去。

但是当小张到了指定地点，却发现，张经理正在路边等他，也没看见工地和办公室，张经理让小张先交 1000 元饭费、500 元押金、200 元被褥行李费。

小张：张经理，我啥时候能上班呢？咱们工地在哪儿？

张经理：在大兴黄村，你现在赶紧过去吧，工地和宿舍都在那边。

小张到黄村后，已经晚上 7 点多了。再打电话联系张经理，却被告知，太晚了，让他自己先住下，第二天再说。

第二天一早，小张又给张经理打电话。

小张：张经理，我今天能上班了吗？

张经理：按照我们这儿的政策，你现在还不能去工地，要先参加消防培训，要交培训费 1000 元；你还得经过我们公司的体检，要交体检费 1000 元。你找个 ATM 机转给我就行。

小张：我能先去工地，把东西放到宿舍吗？

张经理：你先转钱再说。

人生地不熟的小张只能按要求继续把钱转到指定账号。随后再打电话，无论是文主管还是张经理都再也无法接通，小张才发现被骗。

| 揭秘 |

高薪招聘的诈骗手法，是犯罪分子首先群发信息，打出每月工资数万元的高薪招聘，但是招聘的门槛并不高。一旦有人上当，犯罪分子会要求受害人到指定地点面试，随后以培训费、服装费、保证金等各种名目，实施连环诈骗。

｜提醒｜

在这类诈骗中，有时犯罪分子会通过非法渠道获得公民个人信息，对确有就业需求的大学毕业生或者其他劳务人员实施精准诈骗；有时也会利用各种招聘网站发布虚假招聘信息，许诺以高薪进行诈骗。有人上当后再以培训费、服装费、保证金等各种名目，实施连环诈骗。

警方提醒：大家遇到各类招聘信息的时候，尤其是外地、高薪招聘时，要先详细了解用人单位的真实信息，通过官网或者政府机构网站查询，不要轻信黑中介。此外，用工单位一般都会入职后才进行培训，凡是要求在签订合同前就交费的，都是诈骗。

30. “猜猜我是谁”诈骗

案例

河南信阳的王女士不久前接到一个电话，手机号码为132开头。

骗子：喂，小王吗？

王女士：您是谁？

王女士心想，这是谁啊，叫得这么亲热？但是一下子也没有头绪。

骗子：我啊！哎呀，你怎么没听出来呢！

王女士有点尴尬，不好意思直接问，只能绞尽脑汁，几乎把所有有可能的声音都想了一遍。声音有点像自己的老领导李主任。

王女士：您是李主任？

骗子：对啊，就说你不会忘了我嘛。我换号了，你存一下吧。也没什么事，问问你，最近在家忙什么啊？

王女士：家里最近事儿挺多，不过工作没耽搁，谢谢关心啦。

骗子：是，多注意身体……我明天可能路过你那里，到时候去看看你啊！

王女士：好啊，都好久没见您了！

热络地交谈过后，王女士并没有起疑心。然而第二天，王女士再次接到了这名男子打来的电话。

骗子：喂，小王吗？

王女士：李主任，您说。

骗子：哎呀，实在不好意思呢，我在开车来找你的路上，把人给撞了。现在人在医院等着抢救，家属都缠着我不放我走，我这会儿也联系不上你嫂子。你能不能借我点钱？

王女士：我也没那么多钱，也就几千块吧。

骗子：帮我想想办法吧？能凑多少是多少，我待会儿见面就可以把钱还给你。

王女士：哎呀，老领导难得开口一回，我尽力帮您。

骗子：好，我的账号是……

王女士立刻东拼西凑，向对方提供的账户转了 4 万元。

但很快，对方的电话再次打来，声称刚才那张卡出了点问题。事情紧急，希望王女士向另一张卡上再打 4 万元。正是第二次汇款的要求，让王女士起了疑心。“4 万元已经不少了，再叫我翻番就是 8 万元，可不是个小数目。李主任可以找其他同事借啊，或者找亲戚朋友借，为什么老找我一个人借呢？这不太对劲啊。”

王女士随即报警，警方调查，这笔钱已经在异地通过 ATM 机转给了其他两个账号。所幸，通过调看银行监控和办卡信息，警方成功锁定嫌疑人，追回了这笔钱。

| 揭秘 |

这类诈骗手法迷惑性强，危害巨大，很多人上当受骗。犯罪分子先是通过非法途径获取受害人的个人信息。在掌握受害人的电话号码、姓名等基本情况后，打电话给受害人，直呼受害者的名字，让其“猜猜我是谁”，让受害人误以为打电话的人是某个熟人。犯罪分子根据受害者的猜测，顺水推舟冒充熟人身份，声称要来看望受害人。随后，犯罪分子编造自己被“治安拘留”“交通肇事”等理由，向受害人借钱，实施诈骗。

| 提醒 |

在这类诈骗中，犯罪分子让受害人猜测自己的身份，借此冒充熟人与受害人套近乎，设计一个与受害人见面的理由来赢得受害人的信任，然后在见面前编造种种借口实施诈骗。

警方提醒：这类诈骗手法中，如果被害人接到电话让猜测犯罪分子的身份，对方就会直接承认，冒充此人。所以大家接到此类电话时要保持警惕，可以故意编造一个或几个人名试探，如果对方承认，那肯定是假的。同时，任何汇款转账都要设法确定对方确实是本人后再进行。

31. 假冒我是你领导诈骗

案例

小赵是某事业单位的办事员。有一天，小赵接到一个139开头的本地号码来电。

对方：小赵，你明早到我办公室来一趟。

小赵：不好意思，您是哪位？您的电话我没存。

对方：我啊。

小赵：不好意思，我真的没听出来。

对方：我是谁你还听不出来？帮你这么多，你这个年轻人还想不想在这里发展了？

小赵一听，内心更加忐忑，这个陌生号码背后到底是哪个领导？感觉声音有点像单位里的书记，但是张书记打电话找我一个基层工作人员干啥呢？但是也容不得多想，小赵试探性地问道："你是张书记？"

对方：(威严地) 嗯。

虽然小赵的手机通讯录里存有张书记的电话号码，但小赵认为对方可能因种种原因，用其他电话打给他，也就没有多想。

小赵：张书记您好，您这个号码我没存。

对方：这是我私人号码，一般不对外公开，你存一下吧，以后有事可以直接打我这个电话。对了，明天上午 9 点到我办公室来一趟。

小赵受宠若惊：张书记把私人电话告诉了我，肯定是对我有所信任啊，是不是意味着我以后……这个意外的电话，让小赵翻来覆去想了一夜，也不敢告诉其他人。第二天早上早早来到单位。

不过在 8 点 50 分左右，这个“张书记”给小赵打来电话。

对方：小赵，现在有几个领导正好过来检查，等领导走了我再打电话叫你过来。

小赵：嗯嗯，好的张书记。

小赵刚挂电话不久，那个号码再次打了过来，对方压低声音说：你身上带钱了吗？我想给上级领导意思一下，你装在信封里帮我先拿过来吧，找 3 个信封，每个信封装两万，待会儿过来我给你报账啊。

小赵心想，平时巴结领导还来不及呢，这会儿领导让我干这么重要的私事啊，估计是真的对我信任。于是他立刻取了钱，买了信封装好，准备往办公室走，没想到对方又打来电话。

对方：小赵啊，你过来的话，领导有点不方便见你；而且人多眼杂，直接给钱不大合适，你把钱转到这几个银行账户吧。你把 ATM 机小票留好，待会儿过来的时候我给你钱。

小赵立刻回到 ATM 机前转账。然而转完刚刚走到单位门口，他看到正在下车的张书记。

小赵：张书记，您不是在办公室见领导吗？您方便的时候叫我，我过去汇报。

张书记：见领导？我刚刚开会回来，今天上午都没在单位，我也没安排让你来汇报啊？

这时候，小张才意识到上当受骗。

| 揭秘 |

犯罪分子一上来会直呼接电话者的真实姓名，让受害人明天来他办公室一趟，而且语气会十分严厉；利用普通人对领导的敬畏心理，以及通话状态下的紧张情绪，按照受害人的揣测顺水推舟，让受害人以为是其单位的领导，再以各种名目索取钱财进行诈骗。

| 提醒 |

“我是你领导”这类诈骗手法，是冒充熟人的“猜猜我是谁”诈骗的升级版。目前，使用此类诈骗手法的犯罪分子已经由过去集中向某个号段逐个拨打电话发展到购买公民个人信息后，在掌握事主姓名、单位、职务、联系方式、社会关系的前提下，进行精准诈骗。在受害人相信犯罪分子是其单位领导后，犯罪分子会假称自己换号了，以避免受害人与其单位领导打电话核实。

警方提醒：陌生号码一旦提出转账汇款的要求，应立即与当事人的常用号码联系，进行核实确认。

32. 机票退改签诈骗

案例

8月25日清晨4点，南京理工大学大二学生小张，正准备前往沈阳坐飞机返校，但手机上一条来自“0085251989644”的短信让她惊出一身冷汗。这条凌晨1点发来的短信以东方航空公司的名义告诉小张，她当天即将乘坐的沈阳飞往南京的MU2827航班由于机械故障已取消，需要拨打退票电话进行改签或退票，改签成功后还可以获得200元的补偿。

由于短信准确地注明了自己的姓名和航班信息，小张丝毫没有怀疑，立即和短信上的电话020-29194565取得了联系。按电话中的提示选择“改签”后，一位所谓的人工客服接待了她。

客服：我们可以将你的机票改签到下午或晚上，但是你需要去ATM机取“改签的凭条”，只有从ATM机中拿到这张凭条才能取票。

小张：那我可以在机场办理改签吗？

对方：不行，而且去了机场很可能就没有空余的票了。

此前没有改签机票经验的小张只好找了一个ATM机，那时的她认为，只要插卡验证一下，取出凭条就可以了。小张来到ATM机前，再次接通之前的电话。

对方：你卡里面余额是多少钱？

小张：这张是我平时用的卡，有700元钱，卡号是……

对方：不行，系统无法识别，你还有其他卡吗？

小张：还有这张卡，余额有300元钱，你再试试。

对方：不行，还是无法识别，你赶紧再找一张卡，现在票已经很紧张了，不要耽误你自己的行程。

无奈之下，小张拿出了存有自己学费的银行卡。

小张：这是我存学费的卡，刚刚打进去两万多元，应该没问题。可是为什么还非要问余额呢？

对方：这是为了避免我公司与您的经济纠纷。这张卡没问题，通过验证了。你现在将 ATM 机切换到英文界面。

急于办理改签的小张没有仔细看清英文到底是什么内容，就按照对方指令按了几个键并确认，在弹出的窗口内输入了对方提供的一串数字，对方说这是“改签编号”，之后 ATM 机吐出一张回单，显示对方已经将款转走。

25 号中午小张到达机场后发现航班并未取消，航空公司也表示从未发出过航班取消信息，然而钱已经落入犯罪分子手中。小张回忆，当时骗子让她输入的一串数字，即所谓的“验证码”，就是转账金额。

| 揭秘 |

此类诈骗中，犯罪分子冒充航空公司客服以航班取消、提供退改签服务或出售特价机票为名，诱骗受害者多次进行汇款操作，实施连环诈骗。犯罪分子会让受害人通过网银或 ATM 机操作，在操作过程中让受害者输入的所谓“验证码”实际上就是转账金额，从而实施诈骗。

| 提醒 |

犯罪分子通过非法渠道获得乘客信息后，冒充航空公司工作人员，向订购机票的受害人拨打电话或者发送短信，谎称所定的飞机航班因故延误或者取消，建议事主改签或退票，将向事主赔付赔偿金或退赔机票费。受害人一旦相信，犯罪分子就要求受害人按其提示通过手机银行、ATM 机、网上银行等进行操作，输入所谓的操作代码，转走受害人银行卡中的资金。当骗得第一笔钱款后，犯罪分子还会寻找各种理由，实施连环诈骗，直至受害人银行卡中的钱被全部转光。

警方提醒，如遇陌生号码打来电话或发来信息，声称航班延误或取消，不要轻信，应登录航空公司官网或拨打官方客服电话查询，谨防受骗。ATM 机不可办理机票退改签业务，凡是要求利用 ATM 机办理机票退改签业务的都是骗子。

33. 引诱汇款诈骗

案例

2015 年 1 月，湖南双峰县的凌某听说有不少人利用伪基站发诈骗短信发了大财，于是他也从非法渠道购买了一套伪基站设备。随后携伪基站设备来到南京，办了一张当地的手机卡，并将该卡号输入伪基站，然后编写如下短信内容："您好！我是房东，我换号码了，请你存下。另外房租请打到我爱人的银行卡上，谢谢！"

随后，凌某用背包背着伪基站设备，出现在商铺云集的南京珠江路上。他在街上游走闲逛，身上的伪基站不停地工作，将上述诈骗短信发到周围许多人的手机上。一天下来足足发了 3 万多条。

这天，在珠江路经商的外地男子郭某成为凌某诈骗的首个得逞目标。郭某在南京租房居住，当天下午 2 时许，他正准备联系房主，打算先付半年的房租。但由于当时手机信号正受凌某的伪基站干扰，话没说完双方便中止了通话。这之后，他收到了凌某伪基站发来的短信，立即信以为真，未加核实便朝凌某提供的账号汇了9000元。

凌某共在南京转悠了4天，他通过身背的伪基站前后发了10多万条诈骗短信。经过核实确认的报案记录显示，凌某共在南京诈骗得逞11人，共诈骗得手近9万元，其中有的受害人还是在凌某离开南京1周后，才将钱打到其指定的账户上。

在南京作案的4天里，凌某每次收到赃款后都及时将钱转到别的非实名卡上。离开南京后，凌某又转战福州欲继续作案，但由于其伪基站出现故障，导致其暂时中止作案并回到老家。并分批次取出赃款。

| 揭秘 |

相信这样的短信不少人收到过，来自陌生号码，内容是“请把钱打到我的这个卡上，卡号是……开户名某某”。有的人以为，这可能是有人发错了，但是往往这类短信的背后，隐藏着圈套。犯罪分子利用网络或伪基站向一定范围内的用户群发这类信息，如果有人恰好准备去汇款，就容易被骗，直接把钱打到骗子账户。

| 提醒 |

犯罪分子以群发短信的方式直接要求对方向某个银行账户汇入存款；如果事主正准备汇款，又未仔细核实，就容易上当受骗。这类诈骗能否得逞是有一定概率的，一方面，确系有汇款需求的才有可能被骗；另一方面，只要有防骗意识，稍加核实就不会上当。

警方提醒：遇到要求汇款的短信时，如果不认识此手机号、账号姓名，可以直接忽略或删除。如果近期确需要汇款和转账，要与对方电话沟通确认，避免上当。

34. 贷款诈骗

案例

7月下旬，湖南洪湖市农民李某正在家里发愁，因为遭受洪水灾害，他急需一笔钱。但是周围的亲戚朋友借遍了也没筹到多少钱，加上不少人也受了灾，爱莫能助。正在他焦头烂额的时候，突然接到一个电话。

对方：你好，本公司可以办理5万元以内的低息贷款，手续简便，迅速到账，你有需要吗？

李某：哎呀，这真是雪中送炭啊，我现在需要一笔贷款，就4万元，不知道我是否符合贷款的要求。

对方：你先登录我们公司的网站，把你的基本信息和贷款需求提交了吧。

李某赶紧通过网络提交了贷款申请，并留下了自己的身份证号等基本信息。过了不久，一位自称客服的男子给他打来电话，称他的申请已被批准，要他交600元手续费。

李某如数转款之后，又有一名年轻女子打来电话，自称是贷款服务部的人，说贷款正在办理中，服务部要收1000元服务费。李某贷款心切，又给对方汇款1000元。

又过了一天，一名自称老板的人给李某打来电话。

对方：你从我们这里申请的贷款已经批准通过了，现在财务正准备将钱打到你的账户上，你把你的银行卡账户发给我吧。

李某：哎呀，太谢谢啦，我这就给你发！

对方：别急，你也知道，我们也有我们自己的行规。按照民间贷款的常规做法，先扣利息，再放款。你交 3600 元利息到之前的账户。

李某算了算，利息的确低于民间借贷，而且比银行贷款还要低不少，便立即给对方汇款 3600 元。

但是李某汇款之后，又一女子给他打来电话。

对方：我是贷款公司的客服。你借这么多钱，有没有偿还能力？

李某：完全有能力偿还。

对方：那就这样吧，你汇来 8000 元，证明你有偿还能力，这笔钱我们也不收你的，等给你贷款时一起转到你的账户上。

李某平时办事简单、豪爽，为了证实自己是个不赖账的人，便立即给对方汇了款。不过刚汇完款，李某手机又响了。

对方：你还真是个守信用的人，说 8000 元就立即转了 8000 元。其实，“8”字虽好，但不是整数。你能不能再凑两千，我马上给你汇 6 万元。

李某以为贷款马上就能到手，急忙又给对方汇款 2000 元。至此，李某共计给对方汇款 1.52 万元。汇完款后，李某静候贷款“佳音”，但是直到第二天上午，手机一直没有动静，银行卡上的余额也没有变化。李某急忙给对方打电话核实，可是他一连拨打了对方的 4 个电话号码，都已停机。这时候，李某才发现自己上当受骗。

| 揭秘 |

犯罪分子首先通过网络或伪基站群发信息，称其可为资金短缺者提供贷款，利息低，无须担保。一旦受害人信以为真，对方便陆续以预付利息、保证金等各种名目，实施诈骗。

| 提醒 |

犯罪分子利用受害人急需用钱又贪图便宜的心理，用利息低为诱饵，引诱受害人上当。

警方提醒：如果确有贷款需求，一定要去正规的金融机构办理，切忌盲目相信不具备贷款资质的机构或个人。如果对方声称是正规的商业银行或金融机构，要注意识别，可向银行的客服或者网点求证。

35. 冒充黑社会诈骗

案例

5 月 30 日，江苏无锡的老谢在家中接到一个男子打来的电话。

对方：你姓谢吧？在造船厂上班，你的车牌号是……

老谢：对，您是谁？我的车挡了您的车吗？我这就去挪车。

对方：哼，哪有挪车这么简单。你最近得罪了人，我们要卸你一条胳膊。

老谢：你是什么人？

对方：我们都是混黑道的，收人钱财替人办事。对了，你女儿在第二小学六年级三班上学，你老婆在超市工作，对吧？

老谢：你别动我老婆孩子！

面对电话中自称是黑社会的对方，老谢迅速在脑子里过了一遍，自己到底得罪了谁。老谢感到十分害怕。

老谢：你能告诉我，我得罪了谁吗？你别动我家人，我跟你无冤无仇！

对方：别人买你一条胳膊，我们就得拿着胳膊回去交差，你说是不。

老谢：他给的啥条件？我给你更好的！

对方：那也行，我们也不会跟钱过不去。人家出的是两万元，你给 4 万元吧。4 万元换一条胳膊，你是赚了。

惊恐万分的老谢想都没想，就按照对方的要求，向指定账户汇了款。但是等他冷静下来再一想，才意识到可能受骗了，立即前往公安机关报案。

| 揭秘 |

犯罪分子首先通过非法途径获得受害人身份、职业、手机号、家庭住址、车牌号、配偶子女情况等资料；再拨打受害人电话自称是黑社会人员，受人雇用要伤害受害人或其家人，但表示受害人可以“破财消灾”；随后提供账号要求受害人汇款，实施诈骗。

| 提醒 |

与其他电信网络诈骗方式相比，这种以“黑社会”名义实施诈骗的犯罪方式，已经从普通诈骗升级到了敲诈勒索，容易引起恐慌，危害很大。一方面，犯罪分子利用群众不愿惹事、拿钱消灾的心理，去给受害人施加压力；另一方面，犯罪分子实施诈骗前已获取到受害人及其家庭成员的详细信息，受害人往往信以为真，受骗上当。

警方提醒，如果收到此类信息和电话，不要惊慌，应第一时间向公安机关报案，由警方处置。

典型案例

最高人民法院 2016 年 3 月 4 日发布电信网络诈骗犯罪典型案例①

案例一　江西省南昌市周文强等人虚构推荐优质股票诈骗案

【基本案情】

2010 年 5 月，被告人周文强为实施诈骗活动，承租了江西省南昌市红谷滩新区红谷经典大厦某楼层，并通过中介注册成立了江西三合科技有限公司。周文强将招聘来的数十名公司员工分配至公司下属名爵、德联、创达 3 个部门，并安排专人负责财务、后勤等事务。3 个部门又各下设客服部、业务组和操盘部。其中，客服部负责群发“经公司拉升的某只股票会上涨”等虚假手机短信，接听股民电话，统计股民资料后交给业务组。业务组负责电话回访客服部提供的股民，以“公司能调动大量资金操纵股票交易”“有实力拉升股票”“保证客户有高收益”等为诱饵，骗取股民交纳数千元不等的“会员费”“提成费”。操盘部又称证券部，由所谓的“专

① 《最高人民法院 2016 年 3 月 4 日发布电信网络诈骗犯罪典型案例》，载最高人民法院官网 2016 年 3 月 4 日，https：//www. court. gov. cn/zixun-xiangqing-17152. html。

业老师”和“专业老师助理”负责“指导”已交纳“会员费”的客户购买股票，并负责安抚因遭受损失而投诉的客户，避免报案。2010 年 7 月至 2011 年 4 月间，周文强诈骗犯罪团伙利用上述手段诈骗 344 名被害人，骗得钱款共计 3763400 元。

【裁判结果】

本案由江西省南昌市中级人民法院一审，江西省高级人民法院二审。现已发生法律效力。

法院认为，被告人周文强等人采用虚构事实、隐瞒真相的方法，以“股票服务”的手段骗取他人钱款，其行为已构成诈骗罪。其中，被告人周文强以实施诈骗犯罪为目的成立公司，招聘人员，系主犯。据此，以诈骗罪判处被告人周文强有期徒刑 15 年，并处没收财产 100 万元；以诈骗罪判处陆马强等被告人 10 年至 2 年 6 个月不等有期徒刑。

【典型意义】

本案是以虚构推荐所谓的“优质股票”为手段实施诈骗的典型案件。随着经济的快速发展，参与炒股的人群急速增多。有不法分子即抓住部分股民急于通过炒股“致富”的心理，通过“推荐优质股票”实施诈骗行为。被告人周文强组织诈骗犯罪团伙，先通过向股民群发股票上涨的虚假短信，后通过电话与股民联系，谎称公司掌握股票交易的“内幕信息”，可由专业技术人员帮助分析股票行情、操纵股票交易，保证所推荐的股票上涨，保证客户获益等，骗取客户交纳“会员费”“提成费”。一旦有受损失的客户投诉、质疑，还有专人负责安抚客户情绪，避免客户报案。以周文强为主的诈骗团伙分工明确，被害人众多，诈骗数额特别巨大。希望广大股民在炒股过程中，不要轻信所谓的“内幕消息”，不要盲目依赖所谓的“股票咨询服务”等，应当充分认识股票投资客观上所具有的风险性，谨慎作出投资理财的决定。

案例二　河北省兴隆县谢怀丰、谢怀骋等人推销假冒保健产品诈骗案

【基本案情】

被告人谢怀丰、谢怀骋系堂兄弟，二人商议在河北省兴隆县推销假冒保健产品。2012 年 10 月至 2013 年 7 月间，谢怀丰、谢怀骋利用从网络上非法获取的公民个人信息，聘用多个话务员，冒充中国老年协会、保健品公司工作人员等身份，以促销、中奖为诱饵，向一些老年人推销无保健品标识、未经卫生许可登记的“保健产品”。如话务员联系的受话对象确定购买某个产品后，则由负责核单的人进行核实、确认，再采取货到付款方式，通过邮政速递有限公司寄出货物，回收货款。谢怀丰等人通过上述手段，共销售 3000 余人次，涉及全国 20 余省份，涉案金额共计 1886689.84 元。

【裁判结果】

本案由河北省兴隆县人民法院一审，河北省承德市中级人民法院二审。现已发生法律效力。

法院认为，被告人谢怀丰、谢怀骋等人以非法占有为目的，采取虚构事实、隐瞒真相的方法，以推销假冒保健产品的手段骗取他人财物，其行为均已构成诈骗罪。被告人谢怀丰、谢怀骋系本案的发起人：谢怀丰出资租赁从事诈骗活动的房屋，购买从事诈骗活动的器材、设备，组织进货；谢怀骋提供熟悉推销方法的话务员。二被告人均系主犯。据此，以诈骗罪分别判处被告人谢怀丰、谢怀骋有期徒刑 11 年，并处罚金 10 万元；以诈骗罪判处陈秀杰等被告人 3 年至 1 年不等有期徒刑或单处罚金。

【典型意义】

本案是以推销假冒保健品为手段实施诈骗的典型案件。目前，我国老年人数量不断攀升。随着生活水平的提高，老年人日益注重养生和保健，社会上针对老年人推销保健品的情况较为常见。被告人谢怀丰、谢怀骋雇用多人，冒充老年协会、保健品公司工作人员等身份，以促销、中奖为诱饵，打电话向老年人推销假冒保健品，诈骗巨额钱财，且被骗老年人人数众多，分布范围广，社会影响极为恶劣。希望广大老年朋友提高警惕，不要轻信通过电话推销保健品的人员，应通过正规渠道购买适合自己身体状况的保健品。

案例三 福建省晋江市吴金龙等人发送医保卡出现异常虚假语音信息诈骗案

【基本案情】

2013年7月，我国台湾地区人员“阿水”（另案处理）组织台湾被告人吴金龙等人前往老挝万象进行电信诈骗活动。该团伙在万象设置窝点，将事先编辑好的诈骗语音包通过网络电话向中国大陆各省市固定电话用户群发送语音信息，谎称被害人“医保卡出现异常，有疑问则回拨电话”。待被害人回拨时，电话转到冒充医保中心工作人员的团伙一线人员，谎称被害人的医保卡涉嫌盗刷违禁药品，要求被害人向公安机关“报案”，并引导被害人同意由其转接公安机关的报案电话，后一线人员将电话转接给冒充公安人员的团伙二线人员接听。其间，二线人员以预先更改好来电显示号码的“公安局号码”与被害人通话以取得被害人信任，后套取被害人个人信息，谎称被害人银行账户存在安全问题，并将电话转至冒充检察院工作人员的团伙三线人员，要求被害人将银行卡内的存款转到指定账户，进行所谓的“资金清查比对”，以此手段骗取被害人钱财。吴金龙等人诈骗金额共计10192500元。

【裁判结果】

本案由福建省晋江市人民法院一审，福建省泉州市中级人民法院二审。现已发生法律效力。

法院认为，被告人吴金龙等人以非法占有为目的，通过互联网等电信技术方式发布虚假信息，对不特定多人实施诈骗，其行为已构成诈骗罪。其中，吴金龙负责召集、管理、培训人员，起主要作用，系主犯。据此，以诈骗罪判处被告人吴金龙有期徒刑 13 年 6 个月，并处罚金 20 万元；以诈骗罪判处庄靖凡等被告人 12 年 6 个月至 2 年不等有期徒刑。

【典型意义】

本案是以发送医保卡出现异常的虚假语音信息实施诈骗的典型案件。随着我国医疗保险制度的逐步完善，参保人员已逐步实现全覆盖，医保卡已成为人们经常使用的卡种，与百姓生活息息相关。被告人吴金龙等人在境外设立窝点，设置三线人员分别冒充医保中心工作人员、公安人员、检察院工作人员，先发送“医保卡出现异常，有疑问则回拨电话”的虚假语音信息，后通过三线人员的连环诈骗，套取被害人的个人信息，诱骗被害人将存款转至“指定账户”，从而骗得钱款。提醒广大医疗参保人员不要轻信医保卡出现异常的电话语音信息，更不要轻易在电话中将重要个人信息告知陌生人。

案例四 福建省平和县曾江权等人以台湾居民为犯罪对象诈骗案

【基本案情】

2012年8月至2012年12月间，被告人曾江权伙同他人在福建省漳州市多个居民小区内租房作为诈骗窝点，在各窝点搭建可任意设置显示号码的网络电话平台，并安排被告人吕文忠等7人作为窝点负责人，组织窝点内人员实施诈骗。具体实施诈骗的人员分工配合，利用曾江权提供的我国台湾地区居民个人信息资料拨打电话，由冒充商店、超市工作人员的窝点人员虚构台湾居民“因购物有错误付款须取消”的事实，再由冒充银行客户服务人员的窝点人员以“帮助取消上述分期付款业务”为由，诱骗台湾居民到ATM自动取款机操作，将银行存款转账到窝点人员提供的银行账户，从而骗取钱财。其中，台湾被告人颜安仁介绍能提供接收诈骗赃款的银行账户的台湾地区人员给曾江权，还用自己的银行卡为曾江权接收诈骗赃款。曾江权等人诈骗金额共计3018112元。

【裁判结果】

本案由福建省平和县人民法院审理。现已发生法律效力。

法院认为，被告人曾江权等人以非法占有为目的，拨打不特定多数人电话，虚构事实骗取他人钱财。被告人颜安仁明知曾江权实施诈骗活动，而为其介绍他人提供通讯工具、网络技术支持；提供信用卡并转账、支取诈骗所得款项，帮助实施诈骗。二被告人的行为均已构成诈骗罪。被告人曾江权起组织、指挥作用，系主犯。据此，以诈骗罪判处被告人曾江权有期徒刑 11 年 5 个月，并处罚金 50 万元；以诈骗罪判处颜安仁等被告人 10 年 9 个月至 8 个月不等有期徒刑、管制或者单处罚金。

【典型意义】

本案是以我国台湾地区居民为诈骗对象的典型案件。本案中，曾江权等大陆被告人与台湾被告人相勾结，针对台湾居民进行诈骗，由台湾被告人提供台湾居民个人信息资料和网络技术支持，并且提供信用卡用于转账、支取诈骗所得款项。大陆被告人设置窝点，通过拨打电话实施具体诈骗行为。本案的发布，表明无论犯罪分子来自何地，针对何人，只要触犯我国法律，必将受到法律的惩处。

案例五　福建省厦门市上官永贵等人帮助诈骗团伙转取赃款诈骗案

【基本案情】

2013 年 11 月至 2014 年 1 月，被告人上官永贵与诈骗团伙共谋后，商定帮助诈骗团伙提取诈骗所得的赃款，以牟取非法利益。其后，上官永贵提供食宿，并支付每日数百元报酬，雇用被告人上官福水、上官生木取款。上官永贵与诈骗团伙事先联系后，带领上官福水等人前往广东省深圳市、惠州市、东莞市等地，在银行 ATM 机上为诈骗团伙取款或转账，一人取款时，其他人在旁望风。上官永贵等人参与为诈骗团伙提取、转账诈骗赃款共计 8954413. 78 元。此外，2013 年 3 月至 8 月，上官永贵还采用向不特定人发放虚假兑奖卡的手段，骗取他人财物共计 88671. 09 元。

【裁判结果】

本案由福建省厦门市中级人民法院审理。现已发生法律效力。

法院认为，被告人上官永贵以非法占有为目的，采用向不特定人发放虚假兑奖卡的手段，骗取他人财物，并伙同被告人上官福水、上官生木为诈骗犯罪团伙提取、转账诈骗所得赃款，其行为已构成诈骗罪。其中，上官永贵负责与诈骗团伙的上线联系取款、交款等事宜，雇用上官福水、上官生木等人取款，在共同犯罪中起主要作用，系主犯。上官永贵还系累犯，依法应当从重处罚。据此，以诈骗罪判处被告人上官永贵有期徒刑 13 年，并处罚金 20 万元；以诈骗罪分别判处被告人上官福水、上官生木有期徒刑 8 年和有期徒刑 5 年。

【典型意义】

本案是帮助诈骗团伙转取赃款犯罪的典型案件。随着电信网络诈骗犯罪的蔓延，社会上出现了专门为诈骗团伙转取赃款而牟取非法利益的“职业取款人”。这类犯罪分子通过频繁更换银行卡、身份证和手机号码，辗转各地为诈骗犯罪团伙转取款，作案手段极为隐蔽，严重干扰、阻碍了司法机关打击电信网络诈骗犯罪活动。本案中，被告人上官永贵在与诈骗团伙共谋后，使用700余张银行卡，纠集、雇用人员，专门为诈骗团伙转取赃款，其取款的行为直接关系到诈骗目的能否实现，已构成诈骗罪的共犯。本案的公布，在于说明为诈骗团伙转取赃款，依法属于共同诈骗犯罪，同样要受到法律的惩处。

案例六　湖南省双峰县秦献粮等人发送考试改分等虚假信息诈骗案

【基本案情】

2014年4月至8月，被告人秦献粮分别伙同被告人康亮贤等人，以发送“代考”“考后改分”等虚假信息进行诈骗。秦献粮事先购置银行卡、手机卡和QQ号，分配给康亮贤等人，而后，秦献粮找人发送虚假手机短信，谎称可以考后改分、代考等，并留下联系方式。如有人联系考后改分或代考，由康亮贤等人各自以“定金”等方式诱骗对方汇款至指定的银行账户，再将被害人信息交给秦献粮，由秦献粮冒充各地教育部门或人社部门的“领导”，以“保证金”等名义继续诱骗被害人汇款至指定的银行账户。秦献粮等人用此种手段诈骗10起，骗得金额共计60700元。

【裁判结果】

本案由湖南省双峰县人民法院审理。现已发生法律效力。

法院认为，被告人秦献粮伙同他人以非法占有为目的，虚构事实，诈骗被害人钱财，其行为已构成诈骗罪。在共同犯罪中，秦献粮系主犯。据此，以诈骗罪判处被告人秦献粮有期徒刑 5 年，并处罚金 6 万元；以诈骗罪判处康亮贤等被告人 1 年 6 个月至 9 个月不等有期徒刑。

【典型意义】

本案是发送“考试改分”“代考”虚假信息实施诈骗的典型案件。目前，各类从业资格和职业职称考试种类繁多，此类考试结果如何，直接关系到考生的就业、升职等个人利益。一些不法分子即利用个别考生或其家属的投机心态进行诈骗。本案中，被告人发送可以帮助“考后改分”“代考”等虚假信息，以“定金”等方式先诱骗被害人汇款至指定的银行账户，而后又假冒教育部门工作人员等身份，以“保证金”等名义继续骗取被害人的财物，社会影响极为恶劣。希望广大考生及亲属以平常心面对社会竞争，不要心存侥幸，轻信此类虚假消息，应本着诚实付出的态度参加各类考试，共同促使社会进一步形成诚实守信、公平竞争的良好氛围。

案例七 海南省儋州市羊大记开设虚假机票网站诈骗案

【基本案情】

2014 年 7 月起，被告人羊大记伙同他人开设虚假的代购机票网站“航空票务”，以实施网络诈骗。当被害人上网搜索到虚假的代购机票网站，并拨打电话 4008928000 联系时，即以“代购机票机器故障”或“票号不对，未办理成功”等为由，诱骗被害人到自动取款机进行操作，转账汇款至被告人指定的账号，羊大记负责取款。羊大记等人用此种手段诈骗 2 起，骗得金额共计 49573 元。

【裁判结果】

本案由海南省儋州市人民法院审理。现已发生法律效力。

法院认为，被告人羊大记以非法占有为目的，伙同他人用虚构事实的方法，通过互联网骗取被害人钱财，数额较大，其行为已构成诈骗罪。据此，以诈骗罪判处被告人羊大记有期徒刑 1 年 8 个月，并处罚金 4000 元。

【典型意义】

本案是通过开设虚假机票网站进行诈骗的典型案件。目前选择航空方式出行的人越来越多，通过网络或电话订购机票也已成为常态。本案中，被告人通过开设虚假的机票网站，当被害人订购机票时，以“机器故障”等为由，诱骗被害人将钱款转账至被告人控制的银行账户，从而骗得钱财。希望群众在准备出行时，应通过各大航空公司的正规官方网站、客服热线订票或进行退票、改签等操作，切不可贸然选择陌生网站并听从陌生电话的指挥进行转账汇款。

案例八　海南省儋州市陈洁发布电视节目中奖虚假信息诈骗案

【基本案情】

2014 年 7 月起，被告人陈洁在百度吧、阿里巴巴等网站，发布关于在“中国好声音”“星光大道”等栏目中奖的虚假信息，同时还发布关于“抽奖活动的二等奖是真的吗”“中国好声音有场外抽奖活动吗”“北京市中级人民法院电话是多少”“北京市人民法院咨询电话是多少”等虚假咨询问题，并在网上予以回复，借此在网上留下虚假的“栏目组客服电话”或“北京市中级人民法院”“北京市人民法院”的联系电话。当被害人拨打上述虚假联系电话咨询时，陈洁冒充客服人员或法院工作人员称，被害人所咨询的信息是真实的，并告知被害人如要领奖，需将“手续费”或者“风险基金”汇入指定的银行账户。陈洁用此种手段实施诈骗 2 起，骗得金额共计 8800 元。

【裁判结果】

本案由海南省儋州市人民法院审理。现已发生法律效力。

法院认为，被告人陈洁以非法占有为目的，利用互联网发布虚假信息，骗取他人钱财，数额较大，其行为已构成诈骗罪。据此，以诈骗罪判处被告人陈洁有期徒刑 6 个月，并处罚金 2000 元。

【典型意义】

本案是发布电视节目中奖虚假信息进行诈骗的典型案件。观看电视节目是老百姓喜闻乐见的休闲娱乐方式，近几年来，“中国好声音”“星光大道”等电视综艺节目的收视率甚高，利用此类电视节目进行诈骗，潜在的被害人范围较为广泛，社会影响较为恶劣。本案中，被告人不仅在百度吧等网站发布电视栏目中奖的虚假信息，同时还发布“配套”的虚假咨询问题在网上予以回复，以此打消被害人的怀疑和顾虑。而后在被害人拨打领奖电话时，以“手续费”或者“风险基金”等名义，诱骗被害人将钱款汇入指定账户。此类作案手段具有很强的蒙蔽性。希望广大群众在看到电视节目中奖之类的信息后要提高警惕，向电视台或者电视栏目组官方网站、客服电话进行核实。此外，有关网站也应切实履行监管义务，对发布信息的真实性加强审核，防止犯罪分子利用网络平台进行诈骗。

案例九　广西壮族自治区宾阳县罗仁成、罗仁胜假冒 QQ 好友诈骗案

【基本案情】

2014 年 8 月至 11 月，被告人罗仁成、罗仁胜利用在互联

网上盗取的 QQ 号码或者利用将其申请的 QQ 号码信息更改为被害人亲属的 QQ 信息等方式，冒充被害人亲属的身份，以“亲友出车祸急需借钱救治”等理由，诱骗被害人汇款至其指定账户。罗仁成、罗仁胜用此种手段实施诈骗 2 起，骗得金额共计 65000 元。

【裁判结果】

本案由广西壮族自治区宾阳县人民法院审理。现已发生法律效力。

法院认为，被告人罗仁成、罗仁胜以非法占有为目的，通过 QQ 采取虚构事实、隐瞒真相的方式，骗取他人财物，数额巨大，其行为均已构成诈骗罪；罗仁胜明知是犯罪所得而予以转移，其行为还构成掩饰、隐瞒犯罪所得罪。据此，以诈骗罪判处被告人罗仁成有期徒刑 4 年，并处罚金 1 万元；以诈骗罪、掩饰、隐瞒犯罪所得罪判处被告人罗仁胜有期徒刑 2 年，并处罚金 5000 元。

【典型意义】

本案是假冒 QQ 好友身份进行诈骗的典型案件。目前 QQ、微信等网络聊天软件已经替代传统方式成为社会主流沟通方式之一。这种以网络账号代表身份、“见字不见人”的聊天方式，容易被犯罪分子利用进行诈骗。本案中，被告人通过 QQ 号码冒充被害人亲属，以“亲友出车祸急需借钱救治”为借口，使被害人心急冲动而不进行理性分析判断，诱骗被害人汇款至其指定账户。希望广大 QQ 用户、微信用户注意对本人网络聊天工具用户信息的保护，以防被盗，一旦被盗要及时向软件运营方报案。同时，在收到亲友网上发送的要求转账之类的信息时，应认真进行核实，切不可贸然汇款。此外，网络聊天工具的运营方也应加强监管和技术革新，切实保护用户的个人信息安全。

电信网络诈骗犯罪典型案例[①]

典型案例一 陈文辉等7人诈骗、侵犯公民个人信息案

【基本案情】

2015年11月至2016年8月，被告人陈文辉、黄进春、陈宝生、郑金锋、熊超、郑贤聪、陈福地等人交叉结伙，通过网络购买学生信息和公民购房信息，分别在江西省九江市、新余市、广西壮族自治区钦州市、海南省海口市等地租赁房屋作为诈骗场所，分别冒充教育局、财政局、房产局的工作人员，以发放贫困学生助学金、购房补贴为名，将高考学生作为主要诈骗对象，拨打诈骗电话2.3万余次，骗取他人钱款共计56万余元，并造成被害人徐玉玉死亡。

【裁判结果】

本案由山东省临沂市中级人民法院一审，山东省高级人民法院二审。现已发生法律效力。

法院认为，被告人陈文辉等人以非法占有为目的，结成电信诈骗犯罪团伙，冒充国家机关工作人员，虚构事实，拨

---

① 《电信网络诈骗犯罪典型案例》，载最高人民法院官网2019年11月19日，https：//www. court. gov. cn/zixun-xiangqing-200671. html。

打电话骗取他人钱款，其行为均构成诈骗罪。陈文辉还以非法方法获取公民个人信息，其行为又构成侵犯公民个人信息罪。陈文辉在江西省九江市、新余市的诈骗犯罪中起组织、指挥作用，系主犯。陈文辉冒充国家机关工作人员，骗取在校学生钱款，并造成被害人徐玉玉死亡，酌情从重处罚。据此，以诈骗罪、侵犯公民个人信息罪判处被告人陈文辉无期徒刑，剥夺政治权利终身，并处没收个人全部财产；以诈骗罪判处被告人郑金锋、黄进春等人 15 年至 3 年不等有期徒刑。

【典型意义】

电信网络诈骗类案件近年来高发、多发，严重侵害人民群众的财产安全和合法权益，破坏社会诚信，影响社会的和谐稳定。山东高考考生徐玉玉因家中筹措的 9000 余元学费被诈骗，悲愤之下引发猝死，舆论反应强烈，对电信网络诈骗犯罪案件的打击问题再次引发了社会的广泛关注。为加大打击惩处力度，2016 年 12 月，“两高一部”共同制定出台了《关于办理电信网络诈骗等刑事案件适用法律若干问题的意见》（以下简称《意见》），明确对诈骗造成被害人自杀、死亡或者精神失常等严重后果的，冒充司法机关等国家机关工作人员实施诈骗的，组织、指挥电信网络诈骗犯罪团伙的，诈骗在校学生财物的，要酌情从重处罚。本案是适用《意见》审理的第一例大要案，在罪责刑相适应原则的前提下，对被告人陈文辉顶格判处，充分体现了对电信网络诈骗犯罪分子依法从严惩处的精神。

典型案例二 ┆ 杜天禹侵犯公民个人信息案

【基本案情】

被告人杜天禹通过植入木马程序的方式，非法侵入山东省 2016 年普通高等学校招生考试信息平台网站，取得该网站管理权，非法获取 2016 年山东省高考考生个人信息 64 万余条，并向另案被告人陈文辉出售上述信息 10 万余条，非法获利 14100 元，陈文辉利用从杜天禹处购得的上述信息，组织多人实施电信诈骗犯罪，拨打诈骗电话共计 1 万余次，骗取他人钱款 20 余万元，并造成高考考生徐玉玉死亡。

【裁判结果】

本案由山东省临沂市罗庄区人民法院一审，当庭宣判后，被告人杜天禹表示服判不上诉。现已发生法律效力。

法院认为，被告人杜天禹违反国家有关规定，非法获取公民个人信息 64 万余条，出售公民个人信息 10 万余条，其行为已构成侵犯公民个人信息罪。被告人杜天禹作为从事信息技术的专业人员，应当知道维护信息网络安全和保护公民个人信息的重要性，但却利用技术专长，非法侵入高等学校招生考试信息平台的网站，窃取考生个人信息并出卖牟利，严重危害网络安全，对他人的人身财产安全造成重大隐患。据此，以侵犯公民个人信息罪判处被告人杜天禹有期徒刑 6

年，并处罚金 6 万元。

【典型意义】

侵犯公民个人信息犯罪被称为网络犯罪的“百罪之源”，由此滋生了电信网络诈骗、敲诈勒索、绑架等一系列犯罪，社会危害十分严重，确有打击必要。本案系被害人徐玉玉被诈骗案的关联案件，被告人杜天禹窃取并出售公民个人信息的行为，给另案被告人陈文辉精准实施诈骗犯罪得以骗取他人钱财提供了便利条件，杜天禹应当对其出售公民个人信息行为所造成的恶劣社会影响承担相应的责任。法院在审理过程中适用“两高”《关于办理侵犯公民个人信息刑事案件适用法律若干问题的解释》相关规定。案件宣判后，被告人认罪服判未上诉，取得了良好的法律效果和社会效果。

典型案例三 ┆ 陈明慧等 7 人诈骗案

【基本案情】

被告人陈明慧纠集范治杰、高学忠、叶奇锋、熊运江等人结成诈骗团伙，群发“奔跑吧兄弟”等虚假中奖信息，诱骗收到信息者登录“钓鱼网站”填写个人信息认领奖品，后以兑奖需要交纳保证金、公证费、税款等为由，骗取被害人财物，再通过冒充律师、法院工作人员以被害人未按要求交纳保证金或领取奖品构成违约为由，恐吓要求被害人交纳手续费，2016 年 6 月至 8 月间，共骗取被害人蔡淑妍等 63 人共计 681310 元，骗取其他被害人财物共计 359812.21 元。蔡淑妍得知受骗后，于 2016 年 8 月 29 日跳海自杀。陈明慧还通过冒充“爸爸去哪儿”等综艺节目发送虚假中奖诈骗信息共计 73 万余条。

【裁判结果】

本案由广东省揭阳市中级人民法院一审，广东省高级人民法院二审。现已发生法律效力。

法院认为，被告人陈明慧等人以非法占有为目的，结成电信诈骗犯罪团伙，采用虚构事实的方法，通过利用“钓鱼网站”链接、发送诈骗信息、拨打诈骗电话等手段针对不特定多数人实施诈骗，其行为均已构成诈骗罪。陈明慧纠集其他同案人参与作案，在共同诈骗犯罪中起主要作用，系主犯，又有多个酌情从重处罚情节。据此，以诈骗罪判处被告人陈明慧无期徒刑，剥夺政治权利终身，并处没收个人全部财产；以诈骗罪判处被告人范治杰等人 15 年至 11 年不等有期徒刑。

【典型意义】

本案作为高考学生被骗后猝死、自杀等重大案件之一，经媒体报道后，舆论高度关注，法院审理过程中适用“两高一部”《关于办理电信网络诈骗等刑事案件适用法律若干问题的意见》规定，以陈明慧组织、指挥电信诈骗团伙，有利用“钓鱼网站”链接，冒充司法机关工作人员，诈骗未成年人、在校学生，造成一名被害人自杀等多个从重处罚情节，在陈明慧实施诈骗既有既遂又有未遂，且达到同一量刑幅度的情况下，以诈骗罪既遂处罚，充分体现了对此类犯罪从严惩处的精神。

典型案例四 李时权等 69 人诈骗案

【基本案情】

被告人李时权曾从事传销活动，掌握了传销组织的运作模式，在该模式下建立起 140 余人的诈骗犯罪集团。李时权作为诈骗犯罪集团的总经理，全面负责掌握犯罪集团的活动，任命被告人吴月琼、吴贵飞、闫群霞、闫燕飞、骆金、胡平安等人为主要管理人员，设立诈骗窝点并安排主要管理人员对各个窝点进行监控和管理，安排专人传授犯罪方法，收取诈骗所得资金，分配犯罪所得。该犯罪集团采用总经理—经理—主任—业务主管—业务员的层级传销组织管理模式，对新加入成员要求每人按照 2900 元一单的数额缴纳入门费，按照一定的比例数额层层返利，向组织交单作为成员晋升的业绩标准，层层返利作为对各层级的回报和利益刺激，不断诱骗他人加入该诈骗集团。2016 年 1 月至 2016 年 12 月 15 日期间，该犯罪集团在宁夏回族自治区固原市设立 10 个诈骗窝点，由多名下线诈骗人员从“有缘网”“百合网”等婚恋交友网站上获取全国各地被害人信息，利用手机微信、QQ 等实时通讯工具将被害人加为好友，再冒充单身女性以找对象、交朋友为名取得被害人信任，能骗来加入组织的加入组织，不能骗来的向其索要路费、电话费、疾病救治费等费用，对不特定的被害人实施诈骗活动，诈骗犯罪活动涉及全国 31 个省市自治区，诈骗非法所得 920 余万元。

【裁判结果】

本案由宁夏回族自治区固原市原州区人民法院一审，固原市中级人民法院二审。现已发生法律效力。

法院认为，以被告人李时权为首的 69 名被告人以非法占有为目的，采取虚构事实和隐瞒真相的方式，骗取他人财物，其行为均已构成诈骗罪。本案属于 3 人以上共同实施犯罪的较为固定的犯罪组织，系犯罪集团。李时权对整个犯罪集团起组织、领导作用，是犯罪集团的首要分子，按照集团所犯的全部罪行处罚。被告人吴月琼、骆金、闫燕飞、闫群霞、吴贵飞、胡平安等协助首要分子对整个犯罪集团进行组织、领导、策划，是犯罪集团的骨干分子，系主犯，按照其所参与的或组织指挥的全部犯罪处罚。其他一般犯罪成员按照其在犯罪集团中所起的作用及其个人诈骗数额予以量刑。据此，以诈骗罪判处被告人李时权有期徒刑 14 年，并处罚金 10 万元；以诈骗罪判处被告人吴月琼等人 12 年至 1 年 3 个月不等有期徒刑。

【典型意义】

本案以被告人李时权为首的 69 人犯罪集团利用传销模式发展诈骗成员，计酬返利，不断发展壮大，集团内部层级严密，分工明确，组织特征鲜明。该诈骗集团的犯罪手段新颖，利用社会闲散青年创业找工作的想法，以偏远经济欠发达地区作为犯罪场所，在全国范围内不断诱骗他人加入诈骗集团，利用手机微信、QQ 等互联网软件，冒充单身女性，以索要交通费、疾病救治费等为名通过网络诈骗不特定被害人钱财，遍及全国 31 个省市自治区，造成了恶劣的社会影响。人民法院在审理过程中，对案件的事实、证据、适用法律、定罪、量刑等方面进行全面审查，最终对各被告人判处相应的刑罚，有力打击了猖獗的电信网络诈骗犯罪，维护了社会秩序，挽回了人民群众财产损失。

典型案例五　陈杰等 9 人诈骗案

【基本案情】

被告人陈杰伙同被告人张振、姚登峰等人于 2012 年 9 月在湖北省武汉市成立了“武汉康伴益生科技有限公司”和“武汉益生康伴商贸有限公司”。陈杰等人以合法公司为掩护，在武汉市江岸区和江汉区分别设立两个窝点，组织朱娇娇、夏宗禄、刘琼等 100 余名团伙成员实施电信诈骗。该团伙购买电脑、电话、手机等工具后，为每名团伙成员注册微信，统一使用伪造的“马天长”“吕柳荫”等人的图片为微信头像和以“秦小姐的补肾方”“马氏中医补肾方”“吕柳荫膏滋团队”等为微信昵称，专门以患有各种男女生理疾病或脱发人群为目标，在网络、微信公众号等载体上发布治疗男女生理疾病或治疗脱发的广告，诈骗被害人浏览广告并填写联系电话或添加微信号，之后由团伙成员假扮名医或医疗机构专业人员的亲属、学生，根据“话术剧本”，使用电话或微信对被害人进行“问诊”，向被害人介绍产品，让被害人发送舌苔照和手指甲照片，再以客服名义对被害人进行“问诊”，以“指导老师”“健康顾问”名义与被害人沟通，取得信任后诱骗被害人购买不具有药品功效的保健品或食品。自2016年6月16日至11月1日，陈杰、姚登峰、张振组织该团伙成员共计诈骗被害人8945人，诈骗钱款1000余万元。

【裁判结果】

本案由内蒙古自治区达拉特旗人民法院一审，鄂尔多斯市中级人民法院二审。现已发生法律效力。

法院认为，被告人陈杰等人以非法占有为目的，通过虚构事实、隐瞒真相的方式，利用电信网络技术手段，骗取他人财物，数额特别巨大，其行为均已构成诈骗罪。其中，被告人陈杰系共同犯罪中的主犯，应按照其组织的全部犯罪处罚。据此，以诈骗罪判处被告人陈杰有期徒刑13年，并处罚金40万元；以诈骗罪判处被告人姚登峰等人12年至3年不等有期徒刑。

【典型意义】

当前，一些诈骗分子利用广大群众特别是一些患有特殊疾病或者中老年群众关注自身身体健康的心理，专门针对这些群体，推销所谓的“药品”或者不具有药品功效的保健品、食品，骗取巨额款项，社会影响极为恶劣。本案以被告人陈杰为首的诈骗集团成立公司为掩护，专门以各种男女生理疾病人群为目标，通过在网络、微信等载体发布虚假广告，假扮名医利用电话或微信“问诊”，采用扩大病情、发送“成功案例”等手段实施诈骗，受害人遍布全国多地，涉案金额高达1000余万元，系特大电信诈骗案件，与本案关联的其他7起窝案、串案经依法审理，85名涉案被告人均以诈骗罪定罪处罚。

典型案例六 ┆ 黄国良等9人诈骗案

【基本案情】

被告人黄国良、吴希金、廖以冬、龙昌腾、梁宏卫等人谎称一批“海外要员”“海外老人”要回国，每人都有一笔巨额款项要带回大陆发放给老百姓，联系指使童敬侠（另案处理，已判刑）、被告人韩立军等人从事“民族资产解冻大业”，并向童、韩二人发送“国际梅协民族资产解冻委员会”“中华人民共和国委员会馈赠资金发放证明书”“馈赠资金各类收取费用通知”“国家外汇管理局中国银行总行证明”等文件，任命童敬侠、韩立军二人为“国际梅协民族资产解冻委员会”总指挥、副总指挥，以有巨额民族资产需要解冻为由，指使童敬侠、韩立军吸收会员收取会员费。自2015年12月至2016年5月，童敬侠、韩立军向全国各地人员收取会费并许诺发放巨额“民族资产解冻善款”，共向全国数十个省份近百万人次收取会费 6300 余万元，二人将 2800 余万元转账汇入黄国良、吴希金、龙昌腾等人指定的银行账户。

【裁判结果】

本案由内蒙古自治区鄂尔多斯市中级人民法院一审，内蒙古自治区高级人民法院二审。现已发生法律效力。

法院认为，被告人黄国良等人以非法占有为目的，虚构民族资产解冻可获得巨额回报的事实，骗取他人财物，数额特别巨大，其行为均已构成诈骗罪。其中，被告人黄国良指使龙昌腾、梁宏卫等人冒充其助理给童敬侠、韩立军打电话，并多次使用或指使他人使用涉案银行卡在 POS 机上刷卡套现，系共同犯罪中的主犯。据此，以诈骗罪判处被告人黄国良、吴希金、廖以冬无期徒刑，剥夺政治权利终身，并处没收个人全部财产；以诈骗罪判处被告人龙昌腾等人 15 年至 4 年不等有期徒刑。

【典型意义】

“民族资产解冻”类诈骗犯罪早已有之，随着打击力度的加大，此类犯罪的发案率已经大幅下降甚至在一些地方已经销声匿迹，但近年来随着信息技术的发展，此类犯罪又借助现代通信和金融工具进行传播，逐渐演变成集返利、传销、诈骗为一体的混合型犯罪，极具诱惑性和欺骗性。犯罪分子往往抓住被害人以小博大、以小钱换大钱的心理，唆使被害人加入由被告人虚构的所谓“民族大业”“民族资产解冻”项目或“精准扶贫”等其他假借国家大政方针和社会热点的虚假项目，允诺被害人可以小投入获得大回报，积极组织和发展会员，以办证费、手续费、保证金等名目骗取他人财物。此类诈骗犯罪迷惑性强、传播速度快，往往在短时间内就能造成众多人员受骗，且涉案金额巨大，严重侵害人民群众财产安全，严重损害政府公信力，严重危害社会安定。被告人黄国良等人作为幕后的策划者、组织者和操纵者，指挥、指使童敬侠、韩立军以代理人身份骗取他人巨额财物并从中获取了巨额钱财，系民族资产解冻类犯罪链条的最顶端，也是打击的重点，人民法院对黄国良等人依法判处重刑，可谓罚当其罪。

典型案例七 | 童敬侠等7人诈骗案

【基本案情】

被告人童敬侠（女）以前曾参与过号称“民族大业”的活动，随着类似活动的演变，从2015年12月开始，有所谓的“海外老人”“海外要员”与童敬侠联系，声称海外有3000多亿元人民币要发放给老百姓，但不愿意通过政府，想邀请童敬侠具体实施。童敬侠表示同意后，对方发给童敬侠“大陆民族资产解冻委员会总指挥”的任命书。为获取群众信任，童敬侠等人在微信群内散发大量伪造的“任命书”“委托书”“中央军库派令”“梅花令”等身份证明及文件，伪造国务院、财政部、国家扶贫开发领导小组文件，以受中央领导和军委指示及国务院的指派来解冻民族资产为由，对外宣称只要民众交纳报名费、办证费、会员费加入“中华民族大业”组织后，就可以获得等次不同的扶贫款和奖励等高额回报。在童敬侠的领导下，被告人部玉、张志峰等人先后加入“民族大业”组织，积极从事“解冻民族资产”活动。童敬侠所领导的整个组织实行层级负责制，管理层下设省、市团队负责人，每个团队下设若干大组长，大组长下设小组长，小组长之下就是会员。该组织运行方式为：“海外老人”们的助理将包含“民族资产解冻”内容的宣传资料发送到童敬侠邮箱，管理层人员把项目内容加工整理后以童敬侠名义在手机微信群里发布，要求会员按项目内容交纳几十元、几百元不等的办证费，称在短时间内可获得几十万元、几百万元不等的高额回报。该组织还以到人民大会堂开会为由收取统一服装费，以公证、转账手续费、保证金等理由收取费用。会员所交的费用由各省市负责人汇总后转款到童敬侠的银行卡上，童敬侠再把款项转到相应项目的“海外老人”助理的银行卡上，“海外老人”及其助理使用 POS 机套现后将资金隐匿。童敬侠所发展的“民族大业”组织遍布全国十多个省市，共骗取他人财物合计 9500 余万元，其中 4800 余万元转入“海外老人”助理的银行账户。

【裁判结果】

本案由湖南省桑植县人民法院一审，张家界市中级人民法院二审。现已发生法律效力。

法院认为，被告人童敬侠等人以非法占有为目的，利用“民族资产解冻”的幌子，虚构事实骗取他人财物，诈骗金额特别巨大，其行为均已构成诈骗罪。童敬侠利用虚假的任命身份等文件，以“民族资产解冻”的名义开展各种以小博大的收费活动，在被群众揭穿及公安机关介入后，又编造谎言继续实施欺骗行为，且系犯罪组织的领导者，纠集、支配其他组织成员。据此，以诈骗罪判处被告人童敬侠有期徒刑13年，剥夺政治权利3年，并处罚金20万元；以诈骗罪判处被告人张志峰等人6年至3年不等有期徒刑。

【典型意义】

本案系被告人黄国良等人诈骗案的关联案件，被告人童敬侠系受民族资产解冻类犯罪代理人，即受幕后组织操纵者黄国良等人的指使，负责推广虚假项目，发展、管理会员和收取钱财的管理人员。各级代理人对幕后组织操纵者言听计从，建微信群、拉人头，大肆发展下线，收取各种名目的费用，沦为诈骗犯罪分子的工具。部分代理人甚至在识破幕后操纵者的骗局后，自行巧立名目，捏造各种虚假项目继续实施诈骗。代理人的存在，对于“民族资产解冻”类诈骗犯罪能够在短时间内迅速层层发展下线，呈裂变式传播，不断扩大涉案被害人规模起到巨大作用，危害后果十分严重，是司法机关依法从严打击的对象。

典型案例八 朱涛等人诈骗案

【基本案情】

2013 年 5 月，被告人朱涛出资组建榆林农惠现货交易平台，纠集和聘用被告人艾阳、陈超、姚伟林加入，与代理商勾结，先以可提供所谓的内幕交易信息为由，诱骗客户进入电子商务平台进行交易，后通过指令操盘手，采用抛单卖出或用虚拟资金购进产品的手段，控制产品大盘行情向客户期望走势相反的方向发展，通过虚假的产品行情变化，达到使被诱骗加入平台交易的客户亏损的目的。朱涛等人有时也刻意在客户小额投资后，促其盈利，以骗其投入大额资金，牟取大额客损。2013 年 9 月至 2014 年 2 月，朱涛、艾阳、陈超、姚伟林通过上述以虚拟资金操控交易平台的手段，共骗取客户资金 215 万余元。按照事先与代理商约定的比例计算，朱涛、艾阳、陈超、姚伟林从中获得诈骗资金约 75 万元。

【裁判结果】

本案由湖南省南县人民法院一审，益阳市中级人民法院二审。现已发生法律效力。

法院认为，被告人朱涛以非法占有为目的，纠集和聘用被告人艾阳、陈超、姚伟林，利用电子商务平台，操纵农产品行情诱骗客户交易，从客损中获利，数额特别巨大，其行为均已构成诈骗罪。在共同犯罪中，朱涛纠集人员参与犯罪，发起、组织和统筹运作交易活动；艾阳通过给操盘手下达指令控制平台虚拟行情走势，实施欺诈行为，均系主犯。据此，以诈骗罪判处被告人朱涛有期徒刑 14 年，以诈骗罪判处被告人艾阳、陈超、姚伟林 11 年至 4 年不等有期徒刑，并处 10 万元至 6 万元不等罚金。

【典型意义】

电信网络诈骗案件的犯罪手法隐蔽性强，花样翻新快。本案中，被告人先成立网上交易平台，利用业务员及代理商吸收客户，以提供虚假内幕交易信息为由，骗取客户进入平台交易，当客户高价买入相关农产品后，再指令操盘手运作人为造成跌势，迫使客户低价卖出，以牟取大额客损。此种新型网络诈骗犯罪手段更加隐蔽，迷惑性强，容易使人上当受骗。虽然被告人是借助电子商务平台进行交易，但其行为本质仍在于虚构事实、隐瞒真相，以达到非法占有他人财物的目的，其行为完全符合诈骗罪特征，本案定罪准确。

典型案例九 ¦ 邵庭雄诈骗案

【基本案情】

2014 年年底，被告人邵庭雄受他人纠集，明知是通过电信诈骗活动收取的赃款，仍然从银行取出汇入上线指定的银行账户，并从中收取取款金额的 10%作为报酬。之后，邵庭雄发展张阳作为下线，向张阳提供了数套银行卡，承诺支付取款金额的 5%作为报酬，同时要求张阳继续发展多名下线参与取款。通过上述方式，邵庭雄逐步形成了相对固定的上下线关系。自 2014 年 12 月至 2015 年 7 月，被告人邵庭雄参与作案 38 起，涉案金额 48. 44 万元。2016 年 2 月，邵庭雄到公安机关投案。

【裁判结果】

本案由湖南省津市市人民法院一审，被告人邵庭雄服判未上诉。现已发生法律效力。

法院认为，被告人邵庭雄以非法占有为目的，伙同他人利用电信网络采取虚构事实的方法，骗取他人财物，数额巨大，其行为已构成诈骗罪。本案系通过拨打电话、发短信对不特定的人进行诈骗，且系多次诈骗，酌情对被告人邵庭雄从重处罚。本案系共同犯罪，在犯罪过程中，邵庭雄仅参与了转移诈骗赃款的过程，起辅助作用，系从犯，可从轻处罚。且邵庭雄有自首情节，可依法从轻处罚。据此，以诈骗罪判处被告人邵庭雄有期徒刑 5 年 3 个月，并处罚金 5 万元。

【典型意义】

围绕电信网络诈骗犯罪，诱发、滋生了大量上下游关联违法犯罪，这些关联犯罪为诈骗犯罪提供各种“服务”和“支持”，形成以诈骗为中心的系列“黑灰色”犯罪产业链，如出售、提供公民个人信息，帮助转移赃款等活动。“两高一部”《关于办理电信网络诈骗等刑事案件适用法律若干问题的意见》对于全面惩处关联犯罪作出了明确规定。本案中，被告人邵庭雄明知赃款是诈骗犯罪所得，仍为诈骗分子转移犯罪赃款提供帮助和支持，对其以诈骗罪的共犯判处，体现了司法机关对电信网络诈骗关联犯罪从严惩处的态度。

典型案例十 ┊ 杨学巍诈骗案

【基本案情】

2018 年 7 月，被告人杨学巍伙同他人在海南省儋州市兰洋镇，利用电信网络，实施招嫖诈骗活动。杨学巍等人冒充可上门提供性服务的女性，使用作案微信与被害人聊天，获取被害人信任后，其他同伙负责给被害人打电话并发送二维码诱骗被害人转账付款，诈骗所得款由杨学巍分得 20%。通过以上方式，杨学巍共计骗取被害人 12696 元。

【裁判结果】

本案由海南省儋州市人民法院一审，被告人杨学巍服判未上诉。现已发生法律效力。

法院认为，被告人杨学巍以非法占有为目的，伙同他人通过互联网发布虚假信息，实施诈骗，骗取他人数额较大的财物，其行为已构成诈骗罪。杨学巍在犯罪过程中负责使用作案微信与被害人聊天，并分得诈骗所得款的 20%，在共同犯罪中是主犯，且系诈骗累犯，依法应从重处罚。据此，以诈骗罪判处被告人杨学巍犯有期徒刑 2 年 1 个月，并处罚金 2 万元。

【典型意义】

近年来，微信招嫖类诈骗案件在多地发生。作为一种新型的诈骗案件，因案件受害人系招嫖被骗，发案后心存顾虑，多选择吃哑巴亏而不予报案，导致侦破和打击难度加大。此类案件虽然案值不大，但严重败坏了社会风气，对当地治安形势造成恶劣影响。本案的审理体现了人民法院对此类新型诈骗犯罪行为从严打击的决心和力度。

检察机关打击治理电信网络诈骗及关联犯罪典型案例[①]

案例一 魏某双等 60 人诈骗案——以投资虚拟货币等为名搭建虚假交易平台跨境实施电信网络诈骗

【关键词】

电信网络诈骗　跨境犯罪集团　虚拟货币　投资风险防范

【要旨】

跨境电信网络诈骗犯罪多发，受害范围广、涉及金额多、危害影响大，检察机关要充分发挥法律监督职能，依法追捕、追诉境内外犯罪分子，全面追查、准确认定犯罪资金，持续保持从严惩治的态势。对于投资型网络诈骗，会同相关部门加强以案释法和风险预警，引导社会公众提高防范意识，切实维护人民群众财产权益。

一、基本案情

被告人魏某双，无固定职业；

① 《检察机关打击治理电信网络诈骗及关联犯罪典型案例》，载最高人民检察院官网 2022 年 4 月 21 日，https：//www. spp. gov. cn/spp/xwfbh/wsfbt/202204/t20220421_554307. shtml#2。

被告人罗某俊，无固定职业；

被告人谢某林，无固定职业；

被告人刘某飞，无固定职业；

其他56名被告人基本情况略。

2018年9月至2019年9月，被告人魏某双、罗某俊、谢某林、刘某飞等人在黄某海（在逃）等人的纠集下，集中在柬埔寨王国首都金边市，以投资区块链、欧洲平均工业指数为幌子，搭建虚假的交易平台，冒充专业指导老师诱使被害人在平台上开设账户并充值，被害人所充值钱款流入该团伙实际控制的对公账户。之后，被告人又通过事先掌握的虚拟货币或者欧洲平均工业指数走势，诱使被害人反向操作，制造被害人亏损假象，并在被害人向平台申请出款时，以各种事由推诿，非法占有被害人钱款，谋取非法利益。

在黄某海组织策划下，被告人魏某双、罗某俊、谢某林、刘某飞担任团队经理负责各自团队的日常运营；其余56名被告人分别担任业务组长、业务员具体实施诈骗活动。该团伙为躲避追查，以2~3个月为一个作案周期。2019年10月，该团伙流窜至蒙古国首都乌兰巴托市准备再次实施诈骗时，被当地警方抓获并移交我国。

经查，该团伙骗取河北、内蒙古、江苏等地700余名被害人，共计1.2亿余元。

二、检察履职过程

本案由江苏省无锡市公安局经济开发区分局立案侦查。2019年11月21日，无锡市滨湖区人民检察院介入案件侦查，引导公安机关深入开展侦查，将诈骗金额从最初认定的 1200 万余元提升到 1.2 亿余元。2020 年 2 月 11 日，公安机关以魏某双等 60 人涉嫌诈骗罪移送起诉。办案过程中，检察机关分别向公安机关发出《应当逮捕犯罪嫌疑人建议书》《补充移送起诉通知书》，追捕追诉共计 32 名犯罪团伙成员（另案处理）。同年 5 月 9 日，检察机关以诈骗罪对魏某双等 60 人依法提起公诉。2021 年 9 月 29 日，无锡市滨湖区人民法院以诈骗罪判处被告人魏某双有期徒刑 12 年，并处罚金 60 万元；判处被告人罗某俊有期徒刑 11 年 3 个月，并处罚金 50 万元；判处被告人谢某林有期徒刑 10 年，并处罚金 10 万元；判处被告人刘某飞有期徒刑 8 年，并处罚金 50 万元；其余 56 名被告人分别被判处有期徒刑 10 年 3 个月至 2 年不等，并处罚金 30 万元至 1 万元不等。1 名被告人上诉，无锡市中级人民法院裁定驳回上诉，维持原判。

针对本案办理所反映的金融投资诈骗犯罪发案率高、社会公众对这类投资陷阱防范意识不强等问题，无锡市检察机关与公安机关、地方金融监管部门召开联席会议并会签协作文件，构建了打击治理虚假金融投资诈骗犯罪信息共享、线索移送、共同普法、社会治理等 8 项机制，提升发现、查处、打击这类违法犯罪的质效。检察机关会同有关部门线上依托各类媒体宣传平台，线下进社区、进企业、进校园，向社会公众揭示电信网络诈骗、非法金融活动的危害，加强对金融投资知识的普及，提高投资风险防范意识。

三、典型意义

（一）依法从严追捕追诉，全面追查犯罪资金，严厉打击跨境电信网络诈骗犯罪集团。当前，跨境电信网络诈骗集团案件高发，犯罪分子往往多国流窜作案，多地协同实施，手段不断翻新，严重危害人民群众财产安全和社会安定。对此，检察机关要加强与公安机关协作，深挖细查案件线索，对于集团内犯罪分子，公安机关应当提请逮捕而未提请的、应当移送起诉而未移送的，依法及时追捕、追诉。注重加强追赃挽损，主动引导公安机关全面追查、准确认定、依法扣押犯罪资金，不给犯罪分子在经济上以可乘之机，切实维护受骗群众的财产利益。

（二）加强以案释法，会同相关部门开展金融知识普及，引导社会公众提升投资风险防范意识。当前，投资类诈骗已经成为诈骗的重要类型。特别是犯罪集团以投资新业态、新领域为幌子，通过搭建虚假的交易平台实施诈骗，隐蔽性强、受害人众多、涉案金额往往特别巨大。为此，检察机关要会同相关部门加强以案释法，揭示投资型诈骗的行为本质和危害实质，加强对金融创新产品、新业态领域知识的普及介绍，提示引导社会公众提高风险防范意识，充分了解投资项目，合理预期未来收益，选择正规途径理性投资，自觉抵制虚拟货币交易等非法金融活动，切实维护自身合法权益。

案例二 邱某儒等 31 人诈骗案——虚构艺术品交易平台以投资理财为名实施网络诈骗

【关键词】

网络诈骗　虚假投资　法律监督　追赃挽损

【要旨】

对于以频繁交易方式骗取高额手续费行为，检察机关要全面把握投资平台操作模式，准确认定其诈骗本质，依法精准惩治。准确区分诈骗集团中犯罪分子的分工作用，依法全面惩治集团内部各个层级的诈骗犯罪分子。强化追赃挽损，及时阻断诈骗资金的转移和处置，维护人民群众合法权益。

一、基本案情

被告人邱某儒，系广东创意文化产权交易中心有限公司（以下简称广文公司）股东；

被告人陶某龙，系广文公司后援服务中心总经理；

被告人刘某，系广东省深圳市恒古金实业有限公司（以下简称恒古金公司）股东、法定代表人；

被告人郑某辰，系广东省惠州市惠赢浩源商务服务有限公司（以下简称惠赢公司）法定代表人；

被告人蒋某，系广西元美商务服务有限公司（以下简称元美公司）实际控制人；

其他 26 名被告人基本情况略。

2016 年 3 月，被告人邱某儒设立广文公司后，通过组织人员、租赁办公场所、购买交易软件、租用服务器，搭建了以“飞天蜡像”等虚构的文化产品为交易对象的类期货交易平台。陶某龙等人通过一级运营中心恒古金公司刘某发展了惠赢公司、元美公司等30余家会员单位。为实现共同骗取投资者财物的目的，会员单位在多个股票投资聊天群中选择投资者，拉入事先设定的聊天群。同时，安排人员假扮“老师”和跟随老师投资获利的“投资者”、发送虚假盈利截图，以话术烘托、虚构具有盈利能力等方式，骗取投资者的信任，引诱投资者在平台上入金交易。

交易过程中，广文公司和会员单位向投资者隐瞒“平台套用国际期货行情趋势图、并无实际交易”等事实，通过后台调整艺术品价格，制造平台交易平稳、未出现大跌的假象。投资者因此陷入错误认识，认为在该平台交易较为稳妥，且具有较大的盈利可能性，故在平台上持续多笔交易，付出高额的手续费。邱某儒、陶某龙、刘某、郑某辰、蒋某等人通过上述手段骗取黄某等6628名投资者共计4.19亿余元。

二、检察履职过程

本案由广东省深圳市公安局南山分局立案侦查。2017年2月，深圳市检察机关介入案件侦查，引导公安机关围绕犯罪主体、诈骗手法、诈骗金额等问题夯实证据并及时追缴赃款。深圳市公安局南山分局于2017年7月至2018年6月分批以诈骗罪将邱某儒等237人向深圳市南山区人民检察院移送起诉。由于邱某儒以及陶某龙、刘某等7人（系广文公司后援服务中心及相关内设部门、恒古金公司主要成员）、郑某辰、蒋某等 23 人（系会员单位主要负责人）涉案金额特别巨大，深圳市南山区人民检察院依法报送深圳市人民检察院审查起诉。根据级别管辖和指定管辖，其余 206 人分别由南山区、龙岗区人民检察院审查起诉。2018 年 2 月至 12 月，深圳市人民检察院以诈骗罪对邱某儒、陶某龙、刘某、郑某辰、蒋某等 31 人分批向深圳市中级人民法院提起公诉。

2019 年 1 月至 7 月，深圳市中级人民法院以非法经营罪判处邱某儒有期徒刑 7 年，并处罚金 2800 万元；以诈骗罪判处陶某龙、刘某等 7 人有期徒刑 10 年至 3 年 6 个月不等，并处罚金 30 万元至 10 万元不等；以非法经营罪判处郑某辰、蒋某等 23 人有期徒刑 8 年至 2 年 3 个月不等，并处罚金 1000 万元至 5 万元不等。一审判决后，邱某儒、陶某龙等 10 人提出上诉，深圳市人民检察院审查认为邱某儒、郑某辰、蒋某等 24 人虚构交易平台，通过多次赚取高额手续费的方式达到骗取投资钱款目的，其行为构成诈骗罪，一审判决认定为非法经营罪确有错误，对邱某儒、郑某辰、蒋某等 24 人依法提出抗诉，广东省人民检察院支持抗诉。2020 年 5 月至 2021 年 5 月，广东省高级人民法院作出二审判决，驳回邱某儒、陶某龙等 10 人上诉，对邱某儒、郑某辰、蒋某等 24 人改判诈骗罪，分别判处有期徒刑 13 年至 3 年不等，并处罚金 2800 万元至 5 万元不等。

办案过程中，深圳市检察机关引导公安机关及时提取、梳理交易平台电子数据，依法冻结涉案账户资金共计 8500 万余元，判决生效后按比例返还被害人，并责令各被告人继续退赔。深圳市检察机关向社会公开发布伪交易平台类电信网络诈骗典型案例，开展以案释法，加强防范警示。

三、典型意义

（一）以频繁交易方式骗取高额手续费行为迷惑性强，要全面把握交易平台运行模式，准确认定这类行为的诈骗本质。在投资型网络诈骗中，犯罪分子往往以“空手套白狼”“以小套大”等方式实施诈骗。但在本案中，犯罪分子利用骗术诱导投资者频繁交易，通过赚取高额手续费的方式达到骗取钱款目的。与传统诈骗方式相比，这种“温水煮青蛙”式的诈骗欺骗性、迷惑性更强，危害群体范围也更大。检察机关在审查案件时，要围绕“平台操控方式、平台盈利来源、被害人资金流向”等关键事实，准确认定平台运作的虚假性和投资钱款的非法占有性，全面认定整个平台和参与成员的犯罪事实，依法予以追诉。法院判决确有错误的，依法提起抗诉，做到不枉不纵、罚当其罪。

（二）准确区分诈骗集团中的犯罪分子的分工作用，依法全面惩治各个层级的诈骗犯罪分子。电信网络诈骗集团往往层级多、架构复杂、人员多，对于参与其中的犯罪分子的分工作用往往难以直接区分。对此，检察机关要围绕平台整体运作模式和不同层级犯罪分子之间的行为关联，准确区分集团内部犯罪分子的分工作用。既要严厉打击在平台上组织开展诈骗活动的指挥者，又要依法惩治在平台上具体实施诈骗行为的操作者，还要深挖诈骗平台背后的实质控制者，实现对诈骗犯罪集团的全面打击。

（三）强化追赃挽损，维护人民群众合法权益。投资类诈骗案件往往具有涉案人数多、犯罪事实多、涉案账户多等特点，在办理这类案件时，检察机关要把追赃挽损工作贯穿办案全过程，会同公安机关及时提取、梳理投资平台的后台电子数据。从平台资金账户、犯罪分子个人账户入手，倒查资金流向，及时冻结相关的出入金账户；通过资金流向发现处置线索，及时扣押涉案相关财物，阻断诈骗资金的转移和处置，最大限度挽回被害人的财产损失。

案例三 张某等3人诈骗案，戴某等3人掩饰、隐瞒犯罪所得案

——冒充明星以投票打榜为名骗取未成年人钱款

【关键词】

电信网络诈骗　“饭圈”文化　未成年人　掩饰隐瞒犯罪所得罪

【要旨】

以“饭圈”消费为名实施的诈骗对未成年人身心健康造成严重侵害。检察机关要依法从严惩治此类诈骗犯罪，引导未成年人自觉抵制不良“饭圈”文化，提高防范意识。对于利用个人银行卡和收款码，帮助诈骗犯罪分子收取、转移赃款的行为，加强全链条打击，可以掩饰、隐瞒犯罪所得罪论处。

一、基本案情

被告人张某，男，系大学专科在读学生；

被告人易某，男，无固定职业；

被告人刘某甲，男，无固定职业；

被告人戴某，男，无固定职业；

被告人黄某俊，男，无固定职业；

被告人范某田，男，无固定职业。

被告人张某、易某、刘某甲单独或合谋，购买使用明星真实名字作为昵称、明星本人照片作为头像的 QQ 号。之后，上述人员通过该 QQ 号之前组织的多个“明星粉丝 QQ 群”添加被害人为好友，在群里虚构明星身份，以给明星投票的名义骗取被害人钱款。

2020 年 6 月，被告人张某通过上述虚假明星 QQ 号，添加被害人刘某乙（女，13 岁，初中生）为好友。张某虚构自己系明星本人的身份，以给其网上投票为由，将拟骗取转账金额 10099 元谎称为“投票编码”，向刘某乙发送投票二维码实为收款二维码，诱骗刘某乙使用其母微信账号扫描该二维码，输入“投票编码”后完成所谓的“投票”，实则进行资金转账。在刘某乙发现钱款被转走要求退款时，张某又继续欺骗刘某乙，称添加“退款客服”后可退款。刘某乙添加“退款客服”为好友后，易某、刘某甲随即谎称需要继续投票才能退款，再次诱骗刘某乙通过其母支付宝扫码转账 1 万余元。经查，被告人张某、易某、刘某甲等人通过上述手段骗取 5 名被害人钱款共计 9 万余元。其中，4 名被害人系未成年人。

应张某等人要求，被告人戴某主动联系黄某俊、范某田，利用自己的收款二维码，帮助张某等人转移上述犯罪资金，并收取佣金。其间，因戴某、黄某俊、范某田的收款二维码被封控提示可能用于违法犯罪，不能再进账，他们又相继利用家人的收款二维码继续协助转账。

二、检察履职过程

本案由黑龙江省林区公安局绥阳分局立案侦查。2020 年 9 月 28 日，公安机关将本案移送绥阳人民检察院起诉。同年 10 月 28 日，检察机关以诈骗罪对张某、易某、刘某甲提起公诉；以掩饰、隐瞒犯罪所得罪对戴某、黄某俊、范某田提起公诉。同年 12 月 16 日，绥阳人民法院以诈骗罪分别判处张某、易某、刘某甲有期徒刑 4 年 6 个月至 3 年不等，并处罚金 3 万元至 1 万元不等；以掩饰、隐瞒犯罪所得罪分别判处戴某、黄某俊、范某田有期徒刑 3 年至拘役 3 个月不等，并处罚金 15000 元至 1000 元不等。被告人戴某提出上诉，林区中级人民法院裁定驳回上诉，维持原判。其余被告人未上诉，判决已生效。

案发后，检察机关主动联系教育部门，走进被害人所在的学校，通过多种方式开展法治宣传教育活动，教育引导学生自觉抵制不良“饭圈”文化影响，理性对待明星打赏，提高网上识骗防骗的意识和能力。

三、典型意义

（一）依法从严打击以“饭圈”消费为名针对未成年人

实施的诈骗犯罪。当下，在“饭圈”经济的助推下，集资为明星投票打榜、购买明星代言产品成为热潮，不少未成年人沉溺于此。一些犯罪分子盯住未成年人社会经验少、防范意识差、盲目追星等弱点，以助明星消费为幌子实施的诈骗犯罪时有发生，不仅给家庭造成经济损失，也使未成年人产生心理阴影。检察机关要加强对未成年人合法权益的特殊保护，依法从严惩治此类犯罪行为。坚持惩防结合，结合司法办案，引导未成年人自觉抵制不良“饭圈”文化影响，理性对待明星打赏活动，切实增强网络防范意识，防止被诱导参加所谓的应援集资，落入诈骗陷阱。

（二）对于利用个人银行卡和收款码，帮助电信网络诈骗犯罪分子转移赃款的行为，加强全链条打击，可以掩饰、隐瞒犯罪所得罪论处。利用自己或他人的银行卡、收款码为诈骗犯罪分子收取、转移赃款，已经成为电信网络诈骗犯罪链条上的固定环节，应当予以严厉打击。对于这类犯罪行为，检察人员既要认定其利用银行卡和二维码实施收取、转账赃款的客观行为，又要根据被告人实施转账行为的次数、持续时间、资金流入的频率、数额、对帮助对象的了解程度、银行卡和二维码被封控提示等主客观因素综合认定其主观明知，对于构成掩饰、隐瞒犯罪所得罪的，依法可以该罪论处。

案例四　刘某峰等 37 人诈骗案
——以组建网络游戏情侣为名引诱玩家高额充值骗取钱款

【关键词】

电信网络诈骗　游戏托　高额充值　网络游戏行业规范

【要旨】

“游戏托”诈骗行为隐蔽套路深，欺骗性、诱惑性强。检察机关要穿透“游戏托”诈骗骗局，通过对“交友话术欺骗性、充值数额异常性、获利手段非法性”等因素进行综合分析，准确认定其诈骗本质，依法以诈骗罪定罪处罚。通过办案引导广大游戏玩家提高自我防范能力，督促网络游戏企业强化内控、合规经营，促进行业健康发展。

一、基本案情

被告人刘某峰，系辽宁盘锦百思网络科技有限公司（以下简称百思公司）实际控制人；

杨某明等 36 名被告人均系百思公司员工。

2018 年 8 月至 2019 年 4 月，百思公司代理运营推广江苏某网络科技有限公司的两款网络游戏，被告人刘某峰招聘杨某明等 36 人具体从事游戏推广工作。为招揽更多的玩家下载所推广的游戏并充值，刘某峰指使杨某明等员工冒充年轻女性，在热门网络游戏中发送“寻求男性游戏玩家组建游戏情侣”的消息与被害人取得联系。在微信添加为好友后，再向被害人发送游戏链接，引诱被害人下载所推广的两款网络游戏。在游戏中，被告人与被害人组建游戏情侣，假意与被害人发展恋爱关系，通过发送虚假的机票订单信息截图、共享位置截图等方式骗取被害人的信任，诱骗被害人向游戏账号以明显超过正常使用范围的数额充值。部分被告人还以给付见面诚意金、报销飞机票等理由，短时间多次向被害人索要钱款，诱使被害人以向游戏账号充值的方式支付钱款。经查，刘某峰等人骗取 209 名被害人共计 189 万余元。

二、检察履职过程

本案由天津市公安局津南分局立案侦查。2019 年 9 月 9 日，公安机关以刘某峰等 37 人涉嫌诈骗罪移送天津市津南区人民检察院起诉。同年 12 月 2 日，检察机关以诈骗罪对刘某峰等 37 人提起公诉。2020 年 12 月 21 日，天津市津南区人民法院以诈骗罪分别判处刘某峰等 37 人有期徒刑 13 年至 1 年不等，并处罚金 30 万元至 1 万元不等。刘某峰提出上诉，2021 年 3 月 3 日，天津市第二中级人民法院裁定驳回上诉，维持原判。

结合本案办理，检察机关制作反诈宣传视频，深入大中专院校、街道社区进行宣传，警示游戏玩家警惕“游戏托”诈骗，对游戏中发布的信息要仔细甄别，理性充值，避免遭受财产损失。同时，检察人员深入游戏研发企业座谈，提出企业在产品研发、市场推广中存在的法律风险，督促企业规范产品推广，审慎审查合作方的推广模式，合理设定推广费用，加强产品推广过程中的风险管控。

三、典型意义

（一）以游戏充值方式骗取行为人资金，在“游戏托”诈骗中较为常见，要准确认定其诈骗本质，依法从严惩治。“游戏托”诈骗是新近出现的一种诈骗方式。犯罪分子在网络游戏中扮演异性角色，以“奔现交友”（系网络用语，指由线上虚拟转为线下真实交友恋爱）等话术骗取被害人信任，以游戏充值等方式诱骗被害人支付明显超出正常范围的游戏费用，具有较强的隐蔽性和欺骗性。检察机关要透过犯罪行为表象，通过对交友话术欺骗性、充值数额异常性、获利手段非法性等因素进行综合分析，认定其诈骗犯罪本质，依法予以严厉打击。

（二）强化安全防范意识，提高游戏玩家自我防范能力。网络游戏用户规模大、人数多，犯罪分子在网络游戏中使用虚假身份，运用诈骗“话术”，极易使游戏玩家受骗。对于广大游戏玩家而言，应当提高安全防范意识，对于游戏中发布的信息仔细甄别，对于陌生玩家的主动“搭讪”保持必要的警惕，以健康心态参与网络游戏，理性有节制地进行游戏充值，防止落入犯罪分子编织的“陷阱”。

（三）推动合规建设，促进网络游戏行业规范健康发展。结合司法办案，检察机关协同有关部门要进一步规范网络游戏行业，严格落实备案制度，完善游戏推广机制，加强对游戏过程中违法犯罪信息的监控查处，推动网络游戏企业加强合规建设，督促企业依法依规经营。

案例五 吴某强、吴某祥等 60 人诈骗案

——虚构基因缺陷引诱被害人购买增高产品套餐骗取钱款

【关键词】

电信网络诈骗　网络销售　保健品　基因检测

【要旨】

准确认定网络销售型诈骗中行为人对所出售商品“虚构事实”的行为，依法区分罪与非罪、此罪与彼罪的界限，精准惩治。对于涉案人数较多的电信网络诈骗案件，区分对象分层分类处理，做到宽严相济，确保案件效果良好。

一、基本案情

被告人吴某强，系广州助高健康生物科技有限公司（以下简称助高公司）法定代表人、总经理；

被告人吴某祥，系助高公司副总经理，吴某强之弟；

其余 58 名被告人均系助高公司员工。

2016 年 9 月，被告人吴某强注册成立助高公司，组建总裁办、广告部、服务部、销售部等部门，逐步形成以其为首要分子，吴某祥等人为骨干成员的电信网络诈骗犯罪集团。该犯罪集团针对急于增高的青少年人群，委托他人生产并低价购进“黄精高良姜压片”“氨基酸固体饮料”“骨胶原蛋白D”等不具有增高效果的普通食品，在其包装上贴上“助高特效产品”标识，将上述食品的价格从进价每盒 20 余元抬升

至每盒近 600 元，以增高套餐的形式将产品和服务捆绑销售，在互联网上推广。

为进一步引诱客户购买产品，助高公司私下联系某基因检测实验室工作人员，编造客户存在“骨密度低”等基因缺陷并虚假解读基因检测报告，谎称上述产品和服务能够帮助青少年在 3 个月内增高 5~8 厘米，骗取被害人信任并支付高额货款，以此实施诈骗。当被害人以无实际效果为由要求退款时，助高公司销售及服务人员或继续欺骗被害人升级套餐，或以免费更换服务方案等方式安抚、欺骗被害人，直至被害人放弃。经查，该犯罪集团骗取 13239 名被害人共计 5633 万余元。

二、检察履职过程

本案由江苏省盐城市大丰区公安局立案侦查。2020 年 1 月，公安机关以吴某强、吴某祥等 117 人涉嫌诈骗罪提请盐城市大丰区人民检察院批准逮捕。检察机关审查后，对吴某强、吴某祥等 60 人批准逮捕，对参与时间短、情节轻微、主观无诈骗故意的 57 人不批准逮捕；对 2 名与助高公司共谋、编造虚假基因检测报告的人员监督立案（另案处理）。同年 6 月 16 日至 20 日，公安机关先后将吴某强、吴某祥等 60 人移送检察机关起诉。同年 7 月 13 日至 7 月 18 日，检察机关先后对吴某强、吴某祥等 60 名被告人以诈骗罪提起公诉。2021 年 2 月 9 日，盐城市大丰区人民法院以诈骗罪判处吴某强有期徒刑 14 年，罚金 300 万元；判处吴某祥有期徒刑 12 年，罚金 200 万元；判处其他 58 人有期徒刑 9 年至 2 年不等，并处罚金 9 万元至 2 万元不等。部分被告人提出上诉，盐城市中级人民法院对其中一名被告人根据最终认定的诈骗金额调整量刑；对其他被告人驳回上诉，维持原判。

三、典型意义

（一）准确认定网络销售型诈骗中行为人对所出售商品“虚构事实”的行为，依法区分罪与非罪、此罪与彼罪的界限。在网络销售型诈骗中，被告人为了达到骗取钱款的目的，需要对其出售的商品进行虚假宣传，这其中存在着与民事欺诈、虚假广告罪之间的界分问题。在办理这类案件时，检察人员要从商品价格、功能、后续行为等角度综合考虑。对于被告人出售商品价格与成本价差距过于悬殊、对所销售商品功效以及对购买者产生的影响“漠不关心”、采用固定销售“话术”“剧本”套路被害人反复购买、被害人购买商品所希望达到目的根本无法实现的，结合被告人供述，可认定其具有非法占有目的，依法以诈骗罪论处。行为人为了拓宽销路、提高销量，对所出售的商品作夸大、虚假宣传的，可按民事欺诈处理；情节严重，符合虚假广告罪构成要件的，依法可以虚假广告罪论处。行为人明知他人从事诈骗活动，仍为其提供广告等宣传的，可以诈骗罪共犯论处。

（二）对于涉案人数较多的电信网络诈骗案件，区分对象分层处理。电信网络诈骗案件层级多、人员多，对此检察机关要区分人员的地位作用、分层分类处理，不宜“一刀切”。对于参与时间较短、情节较轻、获利不多的较低层次人员，贯彻“少捕慎诉慎押”的刑事司法政策，依法从宽处理。对于犯罪集团中的组织者、骨干分子和幕后“金主”，依法从严惩处。对于与诈骗分子同谋，为诈骗犯罪提供虚假证明、技术支持等帮助，依法以诈骗罪共犯论处，做到罚当其罪。

案例六 罗某杰诈骗案

——利用虚拟货币为境外电信网络诈骗团伙跨境转移资金

【关键词】

电信网络诈骗　虚拟货币　资金跨境转移　共同犯罪

【要旨】

利用虚拟货币非法进行资金跨境转移，严重危害经济秩序和社会稳定，应当依法从严全链条惩治。对于专门为诈骗犯罪团伙提供资金转移通道，形成较为稳定协作关系的，应以诈骗罪共犯认定，实现罪责刑相适应。

一、基本案情

被告人罗某杰，男，1993 年 9 月 4 日生，无固定职业。

2020 年 2 月 13 日，被告人罗某杰在境外与诈骗分子事前通谋，计划将诈骗资金兑换成虚拟货币“泰达币”，并搭建非法跨境转移通道。罗某杰通过境外地下钱庄人员戴某明和陈某腾（均为外籍，另案处理），联系到中国籍虚拟货币商刘某辉（另案处理），共同约定合作转移诈骗资金。同年 2

月 15 日，被害人李某等通过网络平台购买口罩被诈骗分子骗取人民币 110.5 万元后，该笔资金立即转入罗某杰控制的一级和二级账户，罗某杰将该诈骗资金迅速转入刘某辉的账户；刘某辉收到转账后，又迅速向陈某腾的虚拟货币钱包转入 14 万余个“泰达币”，陈某腾扣除提成，即转给罗某杰 13 万个“泰达币”。后罗某杰将上述 13 万个“泰达币”变现共计人民币 142 万元。同年 5 月 11 日，公安机关抓获罗某杰，并从罗某杰处扣押、冻结该笔涉案资金。

二、检察履职过程

本案由山东省济宁市公安局高新区分局立案侦查。2020 年 5 月 14 日，济宁市高新区人民检察院介入案件侦查。同年 8 月 12 日，公安机关以罗某杰涉嫌诈骗罪移送起诉。因移送的证据难以证明罗某杰与上游诈骗犯罪分子有共谋，同年 9 月 3 日，检察机关以掩饰、隐瞒犯罪所得罪提起公诉，同时开展自行侦查，进一步补充收集到罗某杰与诈骗犯罪分子事前联络、在犯罪团伙中专门负责跨境转移资金的证据，综合全案证据，认定罗某杰为诈骗罪共犯。2021 年 7 月 1 日，检察机关变更起诉罪名为诈骗罪。同年 8 月 26 日，济宁市高新区人民法院以诈骗罪判处罗某杰有期徒刑 13 年，并处罚金人民币 10 万元。罗某杰提出上诉，同年 10 月 19 日，济宁市中级人民法院裁定驳回上诉，维持原判。

结合本案办理，济宁市检察机关与外汇监管部门等金融监管机构召开座谈会，建议相关单位加强反洗钱监管和金融情报分析，构建信息共享和监测封堵机制；加强对虚拟货币交易的违法性、危害性的社会宣传，提高公众防范意识。

三、典型意义

（一）利用虚拟货币非法跨境转移资金，严重危害经济秩序和社会稳定，应当依法从严惩治。虚拟货币因具有支付工具属性、匿名性、难追查等特征，往往被电信网络诈骗犯罪团伙利用，成为非法跨境转移资金的工具，严重危害正常金融秩序，影响案件侦办和追赃挽损工作开展。检察机关要依法加大对利用虚拟货币非法跨境转移资金行为的打击力度，同步惩治为资金转移提供平台支持和交易帮助的不法虚拟货币商，及时阻断诈骗集团的资金跨境转移通道。

（二）专门为诈骗犯罪分子提供资金转移通道，形成较为稳定协作关系的，应以诈骗罪共犯认定。跨境电信网络诈骗犯罪案件多由内外勾结配合实施，有的诈骗犯罪分子在境外未归案，司法机关难以获取相关证据，加大了对在案犯罪嫌疑人行为的认定难度。检察机关在办理此类案件时，要坚持主客观相统一原则，全面收集行为人与境外犯罪分子联络及帮助转移资金数额、次数、频率等方面的证据，对于行为人长期帮助诈骗团伙转账、套现、取现，或者提供专门资金转移通道，形成较为稳定协作关系的，在综合全案证据的基础上，应认定其与境外诈骗分子具有通谋，以诈骗罪共犯认定，实现罪责刑相适应。

案例七 徐某等6人侵犯公民个人信息案

——行业“内鬼”利用非法获取的公民个人信息激活手机“白卡”用于电信网络诈骗犯罪

【关键词】

侵犯公民个人信息罪　手机卡　刑事附带民事公益诉讼

【要旨】

公民个人信息是犯罪分子实施电信网络诈骗犯罪的“基础物料”。特别是行业“内鬼”非法提供个人信息，危害尤为严重。对于侵犯公民个人信息的行为，检察机关坚持源头治理，全链条打击。注重发挥刑事检察和公益诉讼检察双向合力，加强对公民个人信息的全面司法保护。

一、基本案情

被告人徐某，系浙江杭州某科技公司负责人；

被告人郑某，系浙江诸暨某通信营业网点代理商；

被告人马某辉，无固定职业；

被告人时某华，系江苏某人力资源公司员工；

被告人耿某军，系江苏某劳务公司员工；

被告人赵某，系上海某劳务公司员工。

2019年12月，被告人徐某、郑某合谋在杭州市、湖州市、诸暨市等地非法从事手机卡“养卡”活动。即先由郑某利用担任手机卡代理商的便利，申领未实名验证的手机卡（又称“白卡”）；再以每张卡35元至40元的价格交由职业开卡人马某辉；马某辉通过在江苏省的劳务公司员工时某华、耿某军等人，以办理“健康码”、核实健康信息等为由，非法采集劳务公司务工人员身份证信息及人脸识别信息，对“白卡”进行注册和实名认证。为规避通信公司对外省开卡的限制，时某华、耿某军利用郑某工号和密码登录内部业务软件，将手机卡开卡位置修改为浙江省。此外，马某辉还单独从赵某处购买公民个人信息 400 余条用于激活“白卡”。

经查，上述人员利用非法获取的公民个人信息办理手机卡共计 3500 余张。其中，被告人徐某、郑某、马某辉非法获利共计 147705 元，被告人时某华、耿某军非法获利共计 59700 元，被告人赵某非法获利共计 7220 元。上述办理的手机卡中，有 55 张卡被用于电信网络诈骗犯罪，涉及 68 起诈骗案件犯罪数额共计 284 万余元。

二、检察履职过程

本案由浙江省杭州市公安局钱塘新区分局（现为杭州市公安局钱塘分局）立案侦查。2020 年 12 月 10 日，杭州市经济技术开发区人民检察院（现为杭州市钱塘区人民检察院）介入案件侦查。2021 年 2 月 4 日，公安机关以徐某等 6 人涉嫌侵犯公民个人信息罪移送起诉。刑事检察部门在审查过程中发现，被告人利用工作便利，非法获取公民个人信息注册手机卡，侵犯了不特定公民的隐私权，损害了社会公共利益，将案件线索同步移送本院公益诉讼检察部门。公益诉讼检察部门以刑事附带民事公益诉讼立案后，开展了相关调查核实工作。

2021 年 11 月 30 日、12 月 1 日，检察机关以徐某等 6 人涉嫌侵犯公民个人信息罪提起公诉，同时提起刑事附带民事公益诉讼。同年 12 月 31 日，杭州市钱塘区人民法院以侵犯公民个人信息罪对徐某等 6 名被告人判处有期徒刑 3 年至 7 个月不等，并处罚金 9 万元至 1 万元不等。同时，判决被告人徐某等 6 人连带赔偿 14 万余元，并在国家级新闻媒体上进行公开赔礼道歉。被告人未上诉，判决已生效。

针对通信公司网点人员“养卡”的问题，检察机关与有关通信公司座谈，建议加强开卡和用卡环节内部监管，切断电信网络诈骗犯罪黑产链条。针对不法分子通过“地推”（“地推”是指通过实地宣传进行市场营销推广人员的简称。）获取大学生、老年人、务工人员等群体个人信息的情况，检察人员在辖区大学城、社区、园区企业开展普法宣传，通过以案释法，提升民众的防范意识和能力。

三、典型意义

（一）公民个人信息成为电信网络诈骗犯罪的基础工具，对于侵犯公民个人信息的行为，坚持源头治理全链条打击。当前，非法泄露公民个人信息已成为大多数电信网络诈骗犯罪的源头行为。有的犯罪分子把非法获取的公民个人信息用于注册手机卡、银行卡作为实施诈骗的基础工具；有的利用这些信息对被害人进行“画像”实施精准诈骗。检察机关要把惩治侵犯公民个人信息作为打击治理的重点任务，既要通过查办电信网络诈骗犯罪，追溯前端公民个人信息泄露的渠道和人员；又要通过查办侵犯公民个人信息犯罪，深挖关联的诈骗等犯罪线索，实现全链条打击。特别是对于行业“内鬼”泄露公民个人信息的，要坚持依法从严追诉，从重提出量刑建议，加大罚金刑力度，提高犯罪成本。

（二）发挥刑事检察和公益诉讼检察双向合力，加强对公民个人信息的全面司法保护。加强公民个人信息司法保护，是检察机关的重要职责。个人信息保护法明确授权检察机关可以提起这一领域的公益诉讼。检察机关刑事检察和公益诉讼检察部门要加强协作配合，强化信息互通、资源共享、线索移送、人员协作和办案联动，形成办案双向合力，切实加强对公民个人信息的全面司法保护。

案例八　施某凌等18人妨害信用卡管理案

——多人参与、多途径配合搭建专门运输通道向境外运送银行卡套件

【关键词】

妨害信用卡管理罪　银行卡　物流寄递

【要旨】

当前，银行卡已成为电信网络诈骗犯罪的基础工具，围绕银行卡的买卖、运输形成一条黑色产业链。检察机关要严厉打击境内运输银行卡犯罪行为，深入推进“断卡”行动，全力阻断境外电信网络诈骗犯罪物料运输通道。结合司法办案，推动物流寄递业监管，压实企业责任，提高从业人员的

法治意识。

一、基本案情

被告人施某凌，无固定职业；

被告人王某韬，无固定职业；

被告人吴某鑫，无固定职业；

被告人蔡某向，某快递点经营者；

被告人施某补，无固定职业；

被告人郑某，某快递点经营者；

被告人施某莉，无固定职业；

其他 11 名被告人基本情况略。

2018 年 7 月至 2019 年 10 月间，时在菲律宾的被告人施某凌以牟利为目的，接受被告人王某韬以及“周生”“龙虾”(均系化名，在逃）等人的委托，提供从国内运送信用卡套件到菲律宾马尼拉市的物流服务。

被告人施某凌接到订单后，直接或者通过被告人吴某鑫联系全国各地 1000 多名长期收集、贩卖银行卡的不法人员，通过物流快递和“水客”携带运输的方式，将购买的大量他人银行卡、对公账户通过 4 个不同层级，接力传递，运送至菲律宾。具体运输流程如下：首先由施某凌等人将从“卡商”处收购的大量银行卡以包裹形式运送至蔡某向等人经营的位于福建晋江、石狮一带的物流点；再由被告人施某补等人将包裹从上述物流点取回进而拆封、统计、整理后，乘坐大巴车携带运往郑某等人经营的广东深圳、珠海一带的物流点；后由往来珠海到我国澳门特别行政区的“水客”以“蚂蚁搬家”方式，或由被告人郑某通过货车夹带方式，将包裹运往被告人施某莉在我国澳门特别行政区设立的中转站；最终由施某莉组织将包裹从我国澳门特别行政区空运至菲律宾。包裹到达菲律宾境内后，吴某鑫再组织人员派送给王某韬以及“周生”“龙虾”等人。

经查，被告人施某凌等人参与运转的涉案银行卡套件多达5万余套，获利共计616万余元。

二、检察履职过程

本案由福建省晋江市公安局立案侦查。2019年11月1日，晋江市人民检察院介入案件侦查。公安机关于2020年4月20日、10月4日以妨害信用卡管理罪将本案被告人分两批移送起诉。检察机关于同年8月18日、11月4日以妨害信用卡管理罪对被告人分批提起公诉，晋江市人民法院对两批案件并案审理。2021年5月6日，晋江市人民法院以妨害信用卡管理罪判处施某凌、王某韬、吴某鑫、蔡某向、施某补、郑某、施某莉等18人有期徒刑9年至2年3个月不等，并处罚金20万元至2万元不等。部分被告人上诉，同年9月13日，泉州市中级人民法院二审维持原判决。

根据本案所反映出的物流行业经营的风险问题，晋江市检察机关会同当地商务、交通运输、海关、邮政部门联合制发了《晋江市物流行业合规建设指引（试行）》，通过建立健全物流行业合规风险管理体系，加强对行业风险的有效识别和管理，促进物流行业合规建设。同时，督促物流企业加强内部人员法治教育，加大以案释法，切实推进行业规范经营发展。

三、典型意义

（一）严厉打击境内运输银行卡犯罪行为，全力阻断境外电信网络诈骗犯罪物料运转通道。当前，境外电信网络诈骗犯罪分子为了转移诈骗资金，需要获取大量的国内公民银行卡，银行卡的转移出境成为整个犯罪链条中的关键环节。实践中，犯罪分子往往将物流寄递作为运输的重要渠道，通过陆路、水路、航空多种方式流水作业，将银行卡运送到境外。为此，检察机关要深入推进“断卡”行动，加强物流大数据研判分析，掌握银行卡在境内运转轨迹，依法严厉打击买卖、运输银行卡的犯罪行为，尤其是要切断境内外转运的关键节点，阻断银行卡跨境运转通道。

（二）推动社会综合治理，促进物流寄递业规范经营。物流寄递具有触角长、交付快、覆盖面广等特点，因而在运输银行卡过程中容易被犯罪分子利用。对此，检察机关要结合办案，主动加强沟通，推动物流寄递业加强行业监管，压实企业主体责任，严把寄递企业“源头关”、寄递物品“实名关”、寄递过程“安检关”。对于发现的涉大量银行卡的包裹，相关企业要加强重点检查，及时向寄递人核实了解情况，必要时向公安机关反映，防止银行卡非法转移。结合典型案例，督促物流企业加强培训宣传，通过以案释法，提高从业人员的法治意识和安全防范能力，防止成为电信网络诈骗犯罪的“帮凶”。

案例九 唐某琪、方某帮助信息网络犯罪活动案

——非法买卖 GOIP 设备并提供后续维护支持，为电信网络诈骗犯罪提供技术帮助

【关键词】

帮助信息网络犯罪活动罪　GOIP 设备［GOIP（Gsm Over Internet Protocol）设备是一种虚拟拨号设备，该设备能将传统电话信号转化为网络信号，供上百张手机卡同时运作，并通过卡池远程控制异地设备，实现人机分离、人卡分离、机卡分离等功能］　技术支持　网络黑灰产业链

【要旨】

电信网络诈骗犯罪分子利用 GOIP 设备拨打电话、发送信息，加大了打击治理难度。检察机关要依法从严惩治为实施电信网络诈骗犯罪提供 GOIP 设备等行为，源头打击治理涉网络设备的黑色产业链。坚持主客观相统一，准确认定帮助信息网络犯罪活动罪中的“明知”要件。

一、基本案情

被告人唐某琪，系广东深圳乔尚科技有限公司（以下简称乔尚公司）法定代表人；

被告人方某，系浙江杭州三汇信息工程有限公司（以下简称三汇公司）销售经理。

被告人唐某琪曾因其销售的 GOIP 设备涉及违法犯罪被公安机关查扣并口头警告，之后其仍以乔尚公司名义向方某

购买该设备，并通过网络销售给他人。方某明知唐某琪将GOIP设备出售给从事电信网络诈骗犯罪的人员，仍然长期向唐某琪出售。自2019年12月至2020年10月，唐某琪从方某处购买130台GOIP设备并销售给他人，并提供后续安装、调试及配置系统等技术支持。其间，公安机关在广西北海、钦州以及贵州六盘水、铜仁等地查获唐某琪、方某出售的GOIP设备20台。经查，其中5台设备被他人用于实施电信网络诈骗，造成张某淘、李某兰等人被诈骗共计34万余元。

二、检察履职过程

本案由广西壮族自治区北海市公安局立案侦查。2020年9月27日，北海市人民检察院介入案件侦查。2021年1月25日，公安机关以唐某琪、方某涉嫌帮助信息网络犯罪活动罪移送起诉，北海市人民检察院将本案指定由海城区人民检察院审查起诉。检察机关经审查认为，唐某琪曾因其销售的GOIP设备涉及违法犯罪被公安机关查扣并口头警告，后仍然实施有关行为；方某作为行业销售商，明知GOIP设备多用于电信网络诈骗犯罪且收到公司警示通知的情况下，对销售对象不加审核，仍然长期向唐某琪出售，导致所出售设备被用于电信网络诈骗犯罪，造成严重危害，依法均应认定为构成帮助信息网络犯罪活动罪。同年6月21日，检察机关以帮助信息网络犯罪活动罪对唐某琪、方某提起公诉。同年8月2日，北海市海城区人民法院以帮助信息网络犯罪活动罪分别判处被告人唐某琪、方某有期徒刑9个月、8个月，并处罚金12000元、1万元。唐某琪提出上诉，同年10月18日，北海市中级人民法院裁定驳回上诉，维持原判。

三、典型意义

（一）GOIP设备被诈骗犯罪分子使用，助推电信网络诈骗犯罪，要坚持打源头斩链条，防止该类网络黑灰产滋生发展。当前，GOIP设备在电信网络诈骗犯罪中被广泛使用，尤其是一些诈骗团伙在境外远程控制在境内安置的设备，加大了反制拦截和信号溯源的难度，给案件侦办带来诸多难题。检察机关要聚焦违法使用GOIP设备所形成的黑灰产业链，既要从严惩治不法生产商、销售商，又要注重惩治专门负责设备安装、调试、维修以及提供专门场所放置设备的不法人员，还要加大对为设备运转提供大量电话卡的职业“卡商”的打击力度，全链条阻断诈骗分子作案工具的来源。

（二）坚持主客观相统一，准确认定帮助信息网络犯罪活动罪中的“明知”要件。行为人主观上明知他人利用信息网络实施犯罪是认定帮助信息网络犯罪活动罪的前提条件。对于这一明知条件的认定，要坚持主客观相统一原则予以综合认定。对于曾因实施有关技术支持或帮助行为，被监管部门告诫、处罚，仍然实施有关行为的，如没有其他相反证据，可依法认定其明知。对于行业内人员出售、提供相关设备工具被用于网络犯罪的，要结合其从业经历、对设备工具性能了解程度、交易对象等因素，可依法认定其明知，但有相反证据的除外。

案例十　周某平、施某青帮助信息网络犯罪活动案

——冒用他人信息实名注册并出售校园宽带账号为电信网络诈骗犯罪提供工具

【关键词】

帮助信息网络犯罪活动罪　宽带账号　通信行业治理　平安校园建设

【要旨】

为他人逃避监管或者规避调查，非法办理、出售网络宽带账号，情节严重的，构成帮助信息网络犯罪活动罪，应当依法打击、严肃惩处。检察机关要会同相关部门规范电信运营服务、严格内部从业人员管理。加强校园及周边综合治理，深化法治宣传教育，共同牢筑网络安全的校园防线。

一、基本案情

被告人周某平，系某通信公司宽带营业网点负责人；

被告人施某青，系某通信公司驻某大学营业网点代理商上海联引通信技术有限公司工作人员。

2019年上半年起，被告人周某平在网上获悉他人求购宽带账号的信息后，向施某青提出购买需求。施某青利用负责面向在校学生的“办理手机卡加1元即可办理校园宽带”服务的工作便利，在学生申请手机卡后，私自出资1元利用申请手机卡的学生信息办理校园宽带账号500余个，以每个宽带账号人民币200元的价格出售给周某平，周某平联系买家

出售。周某平、施某青作为电信行业从业人员，明知宽带账号不能私下买卖，且买卖后极有可能被用于电信网络诈骗等犯罪，仍私下办理并出售给上游买家。同时，为帮助他人逃避监管或规避调查，两人还违规帮助上游买家架设服务器，改变宽带账号的真实 IP 地址，并对服务器进行日常维护。周某平、施某青分别获利 8 万余元、10 万余元。经查，二人出售的一校园宽带账号被他人用于电信网络诈骗，致一被害人被骗 158 万余元。

二、检察履职过程

本案由上海市公安局闵行分局立案侦查。2021 年 6 月 4 日，公安机关以周某平、施某青涉嫌帮助信息网络犯罪活动罪移送闵行区人民检察院起诉。同年 6 月 30 日，检察机关对周某平、施某青以帮助信息网络犯罪活动罪提起公诉。同年 7 月 12 日，闵行区人民法院以帮助信息网络犯罪活动罪判处周某平有期徒刑 8 个月，并处罚金 1 万元；判处施某青有期徒刑 7 个月，并处罚金 1 万元。被告人未上诉，判决已生效。

针对本案办理中所暴露的宽带运营服务中的管理漏洞问题，检察机关主动到施某青所在通信公司走访，通报案件情况，指出公司在业务运营中所存在的用户信息管理不严、业务办理实名认证落实不到位等问题，建议完善相关业务监管机制，加强用户信息管理。该公司高度重视，对涉案的驻某高校营业厅处以年度考评扣分的处罚，并规定“1 元加购宽带账户”的业务必须由用户本人到现场拍照确认后，方可办理。检察机关还结合开展“反诈进校园”活动，提示在校学